하버드 새벽 4시 반

하버드 새벽 4시 반

웨이슈잉 지음 | 이정은 옮김

HARVARD'S
4:30 A.M.

정민
미디어

새벽 4시 반에도 잠들지 않는 곳

1636년, 미국 매사추세츠주에 대학교 하나가 들어섰다. 여느 대학처럼 교문을 연 이 학교는 상아탑의 기본인 학문 탐구와 연구 활동을 충실히 하면서 수 세기 동안 발전을 거듭했다. 그리고 마침내 미국 본토는 물론 전 세계의 학생들이 선망하는 지식의 전당이자 인류의 혁신과 진보를 이끄는 선도 아이콘이 되었다. 이 학교는 바로 하버드대학교다.

오늘도 하버드는 타의 추종을 불허하는 명문 아우라를 뿜어내며 전 세계에 영향력을 미치고 있다. 하버드는 각국의 내로라하는 교수진과 영재들이 모여든 만큼 자타가 공인하는 명실상부 세계 최고의 대학이다.

'사상思想의 보고'로 불리는 하버드는 수많은 정상급 인재를 배출하며 세상을 변화, 발전시키는 데 일조해왔다. 미국 아이비리그 8개 대학 가운데서도 하버드는 단연 돋보인다. 개교 이래 정치가, 과학자, 작가, 기업가 등 각계각층의 수많은 슈퍼 엘리트가 하버드 타이틀을 달고 나왔다.

생각나는 대로 몇몇 리스트만 뽑아보아도 이는 확연하다. 정치계에서 하버드 출신으로 미국 대통령이 된 인물은 8명이다. 존 애덤스, 존 퀸시 애덤스, 러더포드 헤이스, 시어도어 루스벨트, 프랭클린 루스벨트, 존 F. 케네디, 조지 W. 부시, 버락 H. 오바마가 바로 그 주인공들이다. 문학·과학계에서도 하버드는 두각을 나타낸다. 작가이자 학자인 헨리 애덤스·랠프 에머슨·존 더스패서스·헨리 소로·헨리 제임스 등도 하버드 출신이고, 수학자 벤저민 피어스·지질학자 나다니엘 세일러·물리화학자 시어도어 리처즈 등 저명한 과학자들도 하버드 출신이다. 언론계에서는 '도미노'라는 유명 이론을 처음 사용한 저널리스트 조지프 앨솝과 '영원한 언론인'으로 추앙받는 월터 리프만이 하버드를 나왔다. 심리학계의 권위자 윌리엄 제임스 또한 하버드 출신이다. 셀 수 없을 만큼 시절마다 한 획을 그은 하버드 출신의 위인들과 그들이 일군 업적이 하버드의 비범성을 생생히 증명하고 있다.

도대체 이런 하버드의 저력은 어디에서 나오는 걸까? 하버드가 수 세기 동안 세계적 명문으로서 위용을 잃지 않고 있는 것은 분명 그들만의 뛰어난 교육 덕분일 터이다. 하버드 개교 350주년 기념행사에서 미국 ABC 방송국의 해설자 조 모리스Joe Morris는 말했다.

"하버드는 지금까지 여덟 명의 미국 대통령과 수많은 노벨상 수상자와 퓰리처상 수상자, 수백 곳의 글로벌 기업 CEO를 배출해냈습니다. 가히 이 학교의 영향력은 한 국가를 넘어 전 세계를 움직이기에 충분합니다."

이쯤 되면 이런 질문을 던져볼 만하다.

"하버드는 어떻게 해서 그토록 많은 세계적 인재를 배출할 수 있었을까? 어떻게 수백 년이 지난 오늘날까지 미 동부 연안에서 최강의 존재감을 드러내며 세상을 선도하고 있는 걸까? 하버드의 교육문화에는 어떤 비밀이 숨어 있는 걸까?"

이 질문에 대한 답은 바로 하버드의 새벽 4시 반 풍경에서 찾아볼 수 있다.

하버드생들에겐 낮과 밤이 따로 없다. 그들은 주야장천 학구열을 불태운다. 이른 새벽에도, 깊은 밤에도 하버드 캠퍼스는 언제나 환히 불을 밝히고 있다. 영국의 한 방송사가 제작한 프로그램 〈하버드 새벽 4시 반〉에는 어느 평범한 날 새벽 4시 반, 하버드의 풍경이 고스란히 담겨 있다. 그 시각 하버드의 도서관은 대낮 같은 열기 속에서 열공熱工하는 학생들로 꽉 차 있다. 저마다 치열하게 자기 공부를 하는 그들은 단연 세상을 이끌어갈 차기 리더들이다.

물론 이런 모습은 도서관에서만 볼 수 있는 게 아니다. 하버드 내 강의실, 학생식당, 심지어 보건실에서도 그들의 학구열은 절대 식지 않는다. 그들은 식사하는 시간 등 자투리 시간에도 학문을 탐한다.

이러한 분위기 속에서 하버드생들은 서로 긍정적인 영향을 주고받는다. 그들에게 하버드란 잠들지 않는 열정의 지적 공간이다. 공부할 수 있는 장소라면 어디든, 캠퍼스의 구석구석 그 모든 곳이 그들에게는 도서관이다. 그야말로 학생 하나하나가

발을 딛는 곳들이 곧 '움직이는 도서관'이라 해도 무방하다.

대체 무엇이 하버드생들을 그토록 맹렬히 공부하게 만드는 걸까? 이는 아마도 하버드 특유의 학문 추구 분위기, 교육 정신과 관련이 있을 것이다. 그도 그럴 것이, 하버드에는 이런 말이 있다.

'졸업 후 언제 어디서든 능력을 발휘하여 인정받고 싶다면, 하버드에 있는 동안 일광욕하러 갈 시간조차 가져선 안 된다!'

하버드생들은 촌음寸陰의 귀중함을 안다. 너무나 당연한 이 삶의 자세야말로 하버드 정신의 정수 아닐까? 이 책에서 소개하는 이야기들은 하버드의 문화와 정신을 압축한 것으로, 극강의 경쟁 시대를 살아내는 우리에게 더 나은 사람으로 진보하는 열정 트리거이자 성공을 실현하는 실전 지침이 되어줄 것이다.

CONTENTS

 우리가 실패하는 유일한 이유,
'노력 부족'

 '난 할 수 있다'의
마법

열정은 우리를
뛰게 한다

 행동하고,
또 행동하라

세상에서 가장 리스크 적은 생산,
배움

CHAPTER 6 유연한 사고의 위대한 힘

CHAPTER 7 시간관리의 달인이야말로 최고의 부자다

CHAPTER 8 철저한 자기관리의 힘

꿈이 없는 청춘은
아프다

 ## 주어진 기회를
알아보는 눈

CHAPTER 1

우리가 실패하는 유일한 이유,
'노력 부족'

HARVARD'S
4:30 A.M.

그들이 가장 똑똑한 사람은 아니다

남들보다 더 빨리, 더 열심히 노력해야
성공의 열매를 맛볼 수 있다.

하버드 출신들은 입버릇처럼 말한다.

"성공은 남는 시간을 어떻게 쓰는가에 달려 있다."

남들이 공부하는 시간에만 공부하고, 남들이 일하는 시간에만 일을 할 때 더 큰 성공을 기대할 수 없다는 당연한 진리가 이 말에 담겨 있다.

모든 학생에게 매일 저녁 여가 시간 두 시간이 주어진다고 생각해보자. 이 시간, 마음 맞는 친구들과 한잔하고 싶은 이도 있을 것이고, 이성 친구와 데이트를 즐기고 싶은 이도 있을 것이다. 가족과 소중한 시간을 보내고 싶은 이 또한 있을 것이다. 그러나 하버드에서 공부하는 누군가는 분명 이 시간을 남다르게 보낼 것이다. 그는 그 두 시간 동안 매일 한 주제에 관한 책들을 찾아서 1년 동안 서른 권을 읽겠다는 목표를 세울 것이다. 다른 하버드생 하나는 같은 관심사를 가진 학우와 토론하거나 새로운 가설을 세워 이를 규명하기 위한 연구를 시작할 것이다.

전자들과 후자들을 비교했을 때 1년 동안 겨우 저녁 두 시간의 여가 시간이 만들어놓은 간극은 상상을 초월할 것이다. 하버드에서는 이런 자투리 시간 활용이 자기 삶의 질을 다르게 만든다고 믿는다. 하버드에서 공부하는 동안 여가 시간을 잘 다루는 습관을 몇 년간 지속하다 보면 졸업 후에도 다른 사람들과는 다른, 이른바 '성공'이라는 것이 어느새 눈앞에 바짝 다가와 있을 것이다.

알베르트 아인슈타인Albert Einstein도 비슷한 말을 했다.

"인생의 차이는 여가 시간에 달렸다."

이는 너무나 간단하고 당연한 이치다. 남들과 비슷한 시간 동안 공부하고 일하고, 비슷한 정도의 노력을 기울인다면 그 결과 또한 비슷할 수밖에 없다. 인간이 가진 능력은 크게 다르지 않다. 사실 하버드생들과 일반 학생들의 지능이나 능력의 차이는 거의 없거나 크지 않다. 다만 인생에 쏟는 노력의 차이만 있을 뿐이다.

너무 당연해서 힘 빠지는 얘기일지 모르겠지만, 인생을 바꾸고 싶다면 남들보다 더 치열하게 노력해야 한다. 다른 이들이 여가 시간을 활용해 유흥이나 데이트를 즐길 때 끊임없이 자기계발을 하는 데 힘써야 한다.

물론 캠퍼스의 삶은 각박해선 안 된다고 생각할지도 모른다. 사람들과의 관계도 중요하다. 하지만 20대 중반에 섰을 때 그 자투리 시간을 즐기는 데만 보낸 사람들은 상아탑이라는 굴레에서 벗어나 사회에 던져졌을 때 그전의 자기 모습과 크게 다르지 않은 상태에 머물러 있을 것이다. 자투리 시간이 큰 차이를 만든다는 사실을 간과한 이들의 숙명이다. 이들은 하루아침에 대박이 나기만을 바라다가 열심히 공부하고 책을 읽으며 연구했던 이들에게 먼저 주어지는 성공이라는 결과가 자신에게 돌아가려면 한참을 기다려야 하고 자신은 여전히 빈손임을 처절히 깨닫게 될 것이다.

'특별히 재능이 없는 것도 아니고, 남들보다 늦게 시작한 것도 아닌데 왜 나는 큰 성공을 거두지 못하는 걸까?' 하면서 한탄하는 이들은 모두 다 여가 시간에 그야말로 여가만 즐겼을 뿐 인생을 치열하게 산 적이 없을 것이다. 치열하지 않았음에도 자신에게만은 성공이 다가올 것이란 근거 없는 희망을 품거나, 자신은 그래도 남보다 능력이 뛰어나다고 과신하여 젊은 시절을 갉아먹는다.

그런 사람들은 나중에야 깨닫는다. 큰 꿈만 꾸고 풍성한 수확이 손안에 떨어지기만 기다렸지, 정작 밭을 갈고 씨를 뿌리는 데는 노력과 시간을 투자하지 않았다는 사실을 말이다. 당신에게 필요한 것은 막연한 과신과 행운이 아닌, 능동적인 노력과 치열함이다.

하버드 교수들은 자주 말한다.

"졸업 후 언제 어디서든 능력을 발휘하여 인정받고 싶다면, 하버드에 있는 동안에 일광욕하러 갈 시간조차 가져선 안 된다!"

하버드에 입학한 학생들이라면 기본적으로 뛰어난 재능을 갖춘 인재들일 것이다. 그럼에도 그들은 자기 능력을 과신하지 않고 언제나 최선을 다한다. 가장 뛰어난 사람은 가장 노력하는 사람이라는 사실을 이미 어릴 때부터 깨달았고, 그런 정신의 문화를 하버드 안에서도 이어받고 있기 때문이다.

한 하버드 교수가 학생들에게 이런 얘기를 들려주었다.

4:30 A.M. 1903년, 프랭크 넬슨 콜Frank Nelson Cole이라는 학자가 세계적인 난제를 풀어내어 뉴욕에서 열린 수학학회에 일대 돌풍을 일으켰다. 그가 이룬 성과를 놓고 모두가 칭송했는데, 누군가가 큰 소리로 외쳤다.

"선생님은 제가 본 사람들 가운데 가장 대단한 사람입니다!"

그러자 콜은 엷은 미소를 지으며 대답했다.

"아닙니다. 난 당신이 생각하는 것처럼 대단하지 않아요. 다만 다른 사람들에 비해 조금 더 노력을 쏟았을 뿐이지요."

순간 모든 사람이 갸우뚱했다. 콜이 그에게 되물었다.

"내가 이 문제를 풀어내는 데 얼마만큼의 시간이 걸렸을까요?"

그가 답했다.

"한, 일주일?"

콜은 미소하며 고개를 저었다.

"그럼 한 달 정도 걸렸습니까?"

콜은 여전히 웃으며 고개를 가로저었다. 깜짝 놀란 그가 얼른 다시 물었다.

"맙소사! 설마 일 년 내내 이 문제를 붙들고 있었던 건가요?"

콜은 웃음을 거두고는 차분한 표정으로 답했다.

"천만에요. 일 년이 아니라, 나는 삼 년 동안 매주, 일요일마다 이 문제를 풀었습니다."

콜의 말이 끝나자 함께 자리한 사람들은 한동안 할 말을 잃었다.

이 일화는 끊임없는 노력과 의지가 얼마나 중요한지를 보여준다.

하버드에서 박사과정을 밟는 학생들은 사흘마다 5센티미터에 가까운 두꺼운 책을 한 권씩 정독하고 수만 단어 분량의 리뷰를 쓴다. 새벽녘 하버드 캠퍼스에 가면 대낮처럼 밝게 불이 켜진 도서관에 자리를 빼곡하게 메운 학생들을 어렵지 않게 볼 수 있다. 물론 이런 모습은 도서관에서만 볼 수 있는 게 아니다. 그들은 학생식당, 심지어 보건실에서도 책과 노트를 손에 쥔 채 학구열을 불태운다.

이렇게 하버드 캠퍼스는 학생들이 발을 딛는 그 모든 곳이 도서관이라고 할 수 있다. 하버드의 전체 분위기가 이렇다 보니, 8명의 미국 대통령과 160명의 노벨상 수상자(2019년 기준)가 나온 것도 전혀 이상하지 않다.

'한 평의 밭에서는 한 평만큼의 수확만 할 수 있다.'

이 진실의 무게를 깨닫는 자와 그렇지 못한 자의 미래는 천지 차이다.

천재들이 쉽게 무너지는 이유

천재라도 열심히 학습하지 않는다면
도대체 무슨 쓸모가 있겠는가?

"저는 너무나 평범합니다. 특기도 없고, 똑똑하지도 않습니다. 아무리 노력한다 해도 저보다 노력하지 않는 이들에 비해서 결과가 잘 나오질 않습니다. 슬프게도, 신은 정말 불공평한 것 같습니다."

많은 이가 이런 불만을 터뜨린다. 과연 신은 정말로 불공평한 걸까?

단언컨대 신은 불공평하지 않다. 실패의 이유는, 우리가 충분히 노력하지 않았기 때문이다. 이에 대해 반론을 제기하고 싶다면 하버드 캠퍼스를 가보라. 이곳의 학생들은 '천재는 노력으로 만들어진다'라는 너무도 단순한 진리를 몸소 실천하고 있다. 사람은 타고난 재능이 아닌 노력과 열정을 통해서만 빛날 수 있다는 사실을 그들은 여러 선배의 경험을 통해서 배우고 있기 때문이다.

오귀스트 르누아르Auguste Renoir는 말했다.

"당신이 남보다 똑똑하지 않고 특별한 능력도 없다면, 이 결핍은 당신의 노력을 통해 얼마든지 채울 수 있으니 걱정하지 말라. 당신에게 뚜렷한 목표와 이를 달성할 적당한 방법을 터득했다면 이제 필요한 건 단 하나다. 노력만 있다면 성공에 이를 수 있다."

천재 예술가로 평가받는 그마저도 노력의 가치에 대해 열변을 토한다. 하물며 평범하거나 둔재라면 노력 없이 그 무엇도 얻을 수 없는 것이 삶의 진리다.

하버드는 천재들이 모인 곳이다. 흔히 천재를 상상할 때, 괴짜를 머릿속에 그린다. 아무것도 하지 않는 듯 보이지만 어느 날 갑자기 아무도 해내지 못한 대단한 일을 이룬 그런 모습 말이다. 하지만 세계 최고의 천재 집합소 하버드에서는 실상 그렇게 한가로운 괴짜는 찾아볼 수 없다.

`4:30 A.M.` 중국계 여성 최초로 미 연방정부 각료가 된 일레인 차오Elaine Chao도 하버드 출신이다. 그녀는 물론 천재적인 두뇌를 가졌을 테지만, 한순간도 자기 능력을 과신하면서 학문을 게을리한 적이 없다.

그녀가 처음 미국에 왔을 때 그녀의 아버지는 쉬운 영어 단어조차 알지 못했던 그녀를 즉시 3학년에 편입시켰다. 영어를 전혀 하지 못했던 그녀는 수업 내용을 하나도 빠짐없이 노트에 옮겨 적었고, 아버지는 매일 저녁 일레인이 학교에서 배운 내용을 좀 더 쉽게 이해하도록 중국어로 다시 설명해주는 식으로 학습시켰다. 그리고 매일 시간을 정해 일레인에게 알파벳부터 차근차근 영어 공부를 시켰다.

학사 시절에도 그녀는 한시도 쉬지 않고 학업에 매진했다. 소문대로 하버드 MBA는 학위를 취득하기 무척 어려운 곳이다. 명문대학을 졸업한 우수한 학생들만이 이곳에 입학할 수 있으며, 그렇게 어렵게 입학하더라도 엄청난 경쟁을 이겨내야 한다. 따라서 뒤처지지 않으려면 자신의 한계를 넘어설 만큼 치열하게 공부해야 한다.

일레인은 대학교를 졸업한 뒤 시카고대학, 와튼스쿨, 스탠퍼드 대학 등에 합격했지만 오로지 한 곳만 바라봤다. 그녀의 꿈은 하버드였다. 당시 하버드 합격생 중 여학생의 비율이 5%에 불과했는데도 말이다. 1977년, 마침내 일레인은 하버드 MBA 과정에 합격하여 들어갔다. 이 석사과정을 밟는 2년 동안 그녀는 살벌하도록 치열한 강의실 분위기를 뼛속까지 체험했다. 교수는 강의하지 않았다. 교재도 없었다. 그저 매일 학생들에게 세 가지의 연구 과제만 내줄 뿐이었다. 학생들의 일과는 바로 이 과제를 이해하고 해결하는 것이었다. 수업 방식이 이런 식이라 스스로 충분한 준비를 하지 않은 학생은 감히 강의실에 들어갈 엄두조차 내지 못했다. 교수가 호명할 때 막힘없이 자신이 준비한 것들을 발표해야 했기 때문이다.

하버드 재학 기간에 그녀는 매일 아침 8시부터 오후 2시까지 수업을 들었고 방과 후에도 쉬지 않았다. 세 가지 연구 과제를 모두 완벽히 해내기 위해서는 도서관에서 자료를 찾아야 했는데,

그 과제 하나를 해결하는 데도 보통 세 시간 이상은 걸렸기 때문이다. 그렇게 하루 종일 수업과 연구 과제들로 정신없이 보내다가 새벽 한두 시가 되어야만 겨우 숨을 돌릴 여유가 생겼다.

"하버드에서의 몇 년은 정말 힘들었습니다. 하지만 이 시간은 나의 인생에 가장 많은 걸 얻어낸 시간이기도 합니다."

일레인은 하버드 시절을 이렇게 회고했다. 그녀는 우수한 교수진의 가르침과 자기 노력으로 리더십과 실력을 쌓아 점차 두각을 나타냈다.

그녀가 천재가 아니라고 누가 감히 말할 수 있을까? 그러나 그녀가 하버드에 있는 동안 더 성장할 수 있었던 것은 그녀의 천재성보다는 노력과 성실 덕분이다. 미국에 처음 왔을 당시 알아듣지도 못하는 영어 단어 하나하나를 기록해서 그날그날 곱씹어 공부해온 그 습관 그대로, 그녀는 하버드에서도 자신이 할 수 있는 최대한의 노력을 했다. 그녀의 천재성이 아닌 노력이 미국 역사상 최초의 중국계 여성 노동부 장관을 만들어낸 것이다.

노력은 말로 하는 것이 아니다. 실제로 행동하는 것이다. 노력해야 한다는 것을 아는 사람은 많지만, 이를 실천해내는 사람은 그리 많지 않다. 그리고 바로 그 행동하는 노력이 바로 천재를 만들어낸다.

'성공하고 싶은가? 그러면 당장 공부하라!'

이 하버드의 격언과 하버드의 문화는 일레인 차오를 끊임없이 자극했고, 결국 영광스러운 커리어를 그녀에게 안겼다.

지금 당신의 현실이 너무나 어렵고 고단한가? 단 한 마디도 알아들을 수 없는 교실에 내몰린 일레인보다 더 곤란하고 불리한 상황인가? 마음만 먹는다면 얼마든지 자기 자신을 뛰어넘을 수 있다. 바로 노력이라는 정직함으로 말이다. 기억하라. 성공은 절대로 게으른 자의 문을 두드리지 않는다.

누구도 자신의 한계에 가보지 못했다

당신이 상상하는 그 이상의 힘을 쏟아라.
그래야 비로소 잠재력이 발휘되기 시작한다.

지식을 얻는 방법은 무엇인가? 바로 학습이다. 열심히 찾고 배워야만 새로운 지식을 얻을 수 있다. 그러나 어떻게 열심히 할 것인가 하는 문제에 대해서는 저마다 다른 생각을 가지고 있다.

강연회에서 한 청년이 잔뜩 풀이 죽은 얼굴로 내게 다가와 말했다.

"전 정말 최선을 다해서 공부했습니다. 하지만 아무리 열심히 해도 이미 뛰어난 친구들을 따라잡을 수가 없어요."

당시 나는 그의 문제를 분석하여 해결책을 주는 대신 그가 스스로 찾길 바라면서 이야기를 하나 들려주었다.

4:30 A.M. 한 사냥꾼이 커다란 개 한 마리를 이끌고 숲으로 들어가 사냥했다. 해 질 녘, 그는 산토끼를 발견하고 총을 쏘았다. 그러고는 개를 부려 뒷다리 다친 토끼를 쫓게 했다. 개는 한참 지난 뒤에야 돌아왔지만, 토끼는 보이지 않았다. 사냥꾼이 버럭 화

25

를 내며 말했다.

"대체 토끼는 어디 있는 거야?"

개는 바닥에 바짝 엎드린 채 멍멍 짖었고, 사냥꾼은 개의 마음을 읽었다.

'최선을 다했지만. 토끼를 잡지 못했습니다.'

한편 구사일생으로 위기를 모면한 토끼는 자신의 굴로 돌아갔다. 다친 토끼를 본 토끼 가족들이 깜짝 놀라 물었다.

"아니, 다리가 그 모양인데 어떻게 개를 따돌릴 수 있었니?"

토끼가 대답했다.

"개는 정말 열심히 쫓아왔어요. 하지만 나는 죽기 살기로 뛰었어요!"

이 이야기의 요지는 매우 간단하다. 무엇을 공부하고 어떤 일을 하든지 죽기 살기로 온 힘을 다한다면 우리 안에 감춰진 잠재력이 발휘된다는 것이다.

앞서 내게 질문한 청년에게로 돌아가자. 그는 나름대로 정말 열심히 노력했을 수도 있다. 그러나 자신의 잠재력이 맹렬히 터질 그 지점에 이를 만큼의 노력까지는 해보지 못했을 것이다.

우리의 뇌는 무한한 잠재력을 지니고 있다. 뇌과학자들은 사람의 뇌에 저장할 수 있는 정보량은 최대 5억 권의 책에 담긴 내용만큼이라고 말한다. 이는 하버드 도서관에 있는 책을 모두 합친 것보다도 훨씬 많은 양이다. 그런데 인류는 아직 뇌 전체의 5%밖에 사용하지 못하고 있다. 이는 역으로, 자신의 잠재력을 효과적으로 활성화할 방법만 찾는다면 누구든 아인슈타인에 버금가는 능력을 발휘할 수도 있다는 말이 된다.

어떤 사람은 이렇게 비유하기도 한다.

"한 사람의 대뇌가 정상적으로 활동할 때 소모하는 에너지는 40와트짜리 전구를 계속 켜놓을 수 있는 양이다."

노력했는데도 기대 이하의 결과를 거두었다면, 그것은 온 힘을 다하지 않았기 때문일 가능성이 크다.

4:30 A.M. 2004년 하버드 MBA를 졸업한 청년 하나가 얼마 뒤 한 글로벌 기업에 입사했다.

출근한 첫날, 사장이 그를 불러 과거 이력에 관하여 물었다. 그는 당당한 얼굴로 하버드 재학 시절의 성적을 말했다.

"전체 학생 가운데서 14등을 했습니다."

내로라하는 천재 수백 명을 모아놓은 하버드에서 이 정도의 성적이라면 대단한 것임에도 사장은 칭찬하지 않았다. 사장은 그에게 되물었다.

"그런데 어째서 1등을 하지 못했는가? 자네는 온 힘을 다해서 공부하지 않았는가?"

순간 청년은 어안이 벙벙했다. 하지만 이내 시선을 달리했다. 그는 새삼 아주 오래도록 자신의 하버드 시절을 되돌아보았다. 뜻하지 않게 사장과 나눈 대화는 그의 인생에 큰 자극이 되었다.

이때부터 그는 자신에게 가장 엄격한 감독이 되었다. 주어진 업무를 수행할 때 매 순간 자만과 나태를 경계하며 최선의 결과를 내도록 온 힘을 다했다.

그는 결국 성공을 거두었다. 그는 3년 만에 한 회사의 CEO가 되었고, 자신의 이야기를 책 속에 담아 펴냈다. 그의 이야기는 사람들에게 귀감이 되어 '최선'이라는 가치를 다시금 일깨웠다.

청년의 성공은 결코 우연히 이뤄진 것이 아니다. 그는 지난날 자신이 할 수 있는 최선을 다하지 않았음을 깨닫고, 이후 자기 능력을 최대한으로 끌어내려고 노력했다. 하버드에서도 손꼽히는 우등생이었음에도 그런 겸손한 채찍질은 그를 더욱 성장시켰다.

'오늘 당신이 쏟은 노력과 내일의 결실은 정비례한다.'

우리 모두 이 말을 명심해야 한다. 제한된 시간 안에 금괴를 자기 가방에 집어넣으면 그것이 그대로 자신의 것이 된다고 했을 때, 하나라도 더 담기 위해 움직인 자가 더 많은 금괴를 갖게 되는 것은 지극히 당연한 이치다.

젊었을 때 뇌를 더 많이 사용해야 하는 이유

'구르는 돌에는 이끼가 끼지 않는다'는 속담은 우리 인간의 뇌에도 아주 적합하게 해당되는 얘기다. 계속해서 굴러가는 돌에는 이끼가 낄 새가 없는 것처럼 우리의 머리도 마찬가지다. 한마디로, 머리는 많이 쓸수록 더욱 활성화되고 똑똑해진다.

1980년대 노벨 생리학상을 받은 하버드의 데이비드 허블과 토르스텐 비셀 교수는 한 뇌 실험을 통해 이를 밝혀냈다. 뇌 발달의 메커니즘에 따르면 뇌의 어떤 영역이든 반복해서 사용하지 않으면 기억 영역의 기능과 뇌세포가 퇴화하고 사라진다는 것이다. 반대로 반복해서 사용하면 뇌는 더욱 왕성히 활성화한다고 한다.

특히 20대 중반 이전 시기는 우리의 대뇌가 가장 활발하게 움직이는 때다. 이 시기에 뇌세포들을 충분히 활성화하지 않으면 평생 뇌세포의 움직임이 둔화되어버린다. 따라서 이 시기에 열심히 뇌를 움직이지 않는다는 건 더 똑똑해질 기회를 스스로 버리는 셈이다.

하버드생들이 어떻게 뇌 활용을 하는지 몇 가지 소개한다.

1. 이론 지식만 습득하는 데 시간을 낭비하지 않는다.
2. 끊임없이 사고하며 자신이 알고 있는 지식을 최대한 활용하여 주어진 과제를 연구하고 해결한다.
3. 이론 지식과 자신이 연구한 현실 지식을 융합하여 둘 사이의 접점을 찾아낸다.
4. 공부하는 동시에 생각하며 현실에서 경험을 쌓는다.
5. 교수 및 학우와의 교류를 통해 자신의 지식 범위를 확장한다.

보이지 않는 작은 일의 무게

큰일을 해내는 사람은
작은 일부터 시작하기를 거부하지 않는다.

흔히 사람들은 성공하기 위해 대단한 일, 남과 다른 일부터 시작하려고 한다. 큰 상을 받는 일 혹은 국가적인 이벤트에 참여하여 이력서나 자기소개서에 써넬 만한 그런 일 말이다. 물론 이러한 이력은 분명 우리의 성공에 탄탄한 토대가 된다. 하지만 여기서 많은 이가 간과하는 것은, 그런 대단한 일들도 모두 아주 작은 일에서부터 시작된다는 점이다.

예컨대 노벨 물리학상을 받은 사람은 처음부터 노벨상을 노리며 대단한 연구를 시작했을까? 처음에는 기초적인 물리학을 공부했을 것이고, 이와 관련된 다른 학문도 하나씩 섭렵했을 것이다. 이러한 과정을 통해 다른 사람들이 보지 못하는 새로운 관점을 갖고, 지난한 시간을 진득하게 견뎌내며 공부하고 연구하면서 결국 인류를 선도하는 놀라운 과업을 달성하게 되었을 것이다.

만일 처음부터 노벨상만 노리며 달려든다면 어떨까? 시종일

관 대단한 일을 해내야 한다는 조바심으로 과정보다 결과에만 집착하고 기본을 소홀히 한다면 좋은 결과란 진즉 물 건너갈 것이다.

하버드의 교수들은 자주 말한다.

"충분한 노력을 기울여 열심히 공부하되, 하찮아 보이는 부분들까지도 소홀해서는 안 된다. 좋은 성적을 거두는 핵심이 바로 그 기본에 있기 때문이다."

큰일에만 목매며 기본을 무시하다가 결국 아무런 성과를 내지 못하는 사람은 우리 주변에 비일비재하다. 그뿐인가. 기본을 무시했다가 커다란 문제에 치이는 경우는 또 얼마나 많은가. 기초가 빈약한 건축물은 곧 무너진다. 기본 기술이 엉성한 운동선수는 일류가 될 수 없다. 조리법의 기본을 제대로 배우지 않은 요리사는 일급 셰프가 될 수 없다. 잡무를 하찮은 일로 여기며 대충하는 직장인은 큰일이 맡겨졌을 때 책임감 있게 해내지 못한다.

어느 날 갑자기 밑도 끝도 없이 큰일을 해내는 성공이란 현실에서 불가능하다. '눈은 먼 곳을 보면서 손은 작은 곳에 두는 것'이 바로 진정한 성공의 비결이다. 목표를 달성하기 위해 직면한 문제뿐 아니라 전체적인 계획과 과정에 대해 멀리 볼 줄 알아야 한다. 실제로 뭔가를 해내기 시작할 때 구체적이고도 세심하게, 사소한 것 하나도 놓치지 말아야 한다. 성공은 이런 과정을 거칠 때 온다. 이러한 이치는 배우고 일하고 먹고사는 인생 전반에 적용된다.

큰 목표만 세워놓고 과정을 무시한 채 단번에 거기에 도달하려 하면 좋은 결과가 나올 리 없다. 실제로 그 목표에 이르려면 무조건 첫발부터 시작해서 한 발, 한 발 나아가야 한다. 진득하니 한 발짝씩 나아가다 보면 어느 순간 그 목표 위에 서 있을 것이다. 이 과정에서 아무리 작고 보잘것없어 보이는 것일지라도 언제나 최선을 다해 임해야 한다.

평소에는 눈에 띄지 않던 주변 인물, 문득 뇌리를 스치는 생각 하나, 가슴을 톡 건드리는 뜬금없는 말 한마디 등 별거 아닌 듯한 사소한 것들이 결국 우리 인생을 바꿔놓는다.

`4:30 A.M.` 한 유명 글로벌 기업에서 엔지니어 직원 1인을 채용하는데, 지원자 10명이 몰렸다. 지원자들은 모두 일류 대학을 나온 재원이었는데, 이 중에는 하버드 출신도 한 사람 끼어 있었다. 채용되면 즉시 중간관리자로 일하는 데다 갖가지 근무 조건도 매력적이었다. 그런 만큼 지원자들은 저마다 목숨을 걸고 면접시험에 임했다.

특이하게도 이 회사는 채용에 앞서 지원자들에게 실제 업무를 사흘간 부여하고 그 모습을 지켜봤다. 사흘 뒤, 드디어 합격자가 공개되는 날이었다. 지원자들은 긴장했고, 초조하게 자신이 합격자이길 바랐다. 그러나 하버드 출신의 지원자는 딱히 긴장하지 않았다. 경쟁자들이 너무 뛰어난 탓에 자신은 합격은커녕 잘해봐야 겨우 뒤처지지 않을 정도라고 생각했기에 일찌감치 마음을 비운 것이다.

사흘간 회사에서 실제 업무를 하는 동안 다른 지원자들은 확실한 성과를 내기 위해 앞만 보고 달렸다. 자연히 그들에게는 다른 경쟁자를 돌아볼 틈이 없었다. 그들은 눈에 불이 나도록 일한 후, 6시가 되어서야 겨우 한숨을 돌리며 퇴근하곤 했다. 그들은 주변을 살피지 않은 채 그저 긴장을 풀고 해방을 만끽했다.

하지만 하버드 출신의 지원자는 달랐다. 그는 다른 지원자들이 퇴근하면서 켜놓은 사무실 전등이며 컴퓨터를 발견했다. 그는 칼퇴근하기 바쁜 다른 지원자들과 달리 사무실의 모든 전원을 확인하고 끈 뒤에야 안심하고 퇴근했다.

사흘의 시간은 그렇게 순식간에 지나갔다. 채용을 담당한 인사 책임자는 최종 합격자로 하버드 졸업생을 호명했다. 이에 다른 지원자들은 믿을 수 없다는 표정으로 고개를 갸웃했다. 나머지 아홉 명의 지원자 모두가 합격자보다 더 대단한 경력을 지녔는데 어째서 하버드 출신의 지원자가 합격한 것일까?

한 지원자가 인사책임자에게 물었다.

"합격과 불합격의 기준이 무엇입니까?"

그러자 인사부 책임자는 미소를 지으며 말했다.

"우리 회사가 이 지원자를 채용하기로 한 이유는 바로 모두가 신경 쓰지 않는 작은 일도 스스로 마다하지 않고 해냈기 때문입니다. 별거 아닌 것 같아 보이는 그 사소한 일들은, 아마 여러분도 누군가는 해야 할 일이란 사실을 알고 있었겠지만 무시했을 것입니다. 눈에 띄는 일이 아니기에 이런 일은 무시하는 습관이 들었거나, 별로 중요하지 않다고 생각했겠지요. 하지만 우리 회사는 작은 일에도 책임을 지는 직원을 높이 평가합니다. 별거 아닌 작은 일이 그 사람 전반의 태도를 보여주는 법이니까요."

합격한 하버드 출신의 지원자는 분명 운이 좋았다. 하지만 그의 운은 어디서 뚝 떨어진 것이 아닌, 스스로 일궈낸 운이다. 자신의 노력과 열의에서 비롯된 것인데, 특히 작은 일까지도 세심하게 챙길 줄 알았기에 대단한 경쟁자들보다 좋은 평가를 받을 수 있었다.

현재 세계 어디든 취업난이 골치다. 모두가 원하는 직장에 들어가는 데 남들보다 뛰어난 능력과 눈에 띄는 실적만이 능사는 아니다. 회사와 상사의 인정받을 수 있다고 오해하면서 누구든 해야 하지만 티가 나지 않는 작은 일은 간과하는 사람이 너무 많다.

차이는 이런 작은 것에서 드러난다. 이런 데서 드러나는 인성과 성실한 태도야말로 장기적으로 조직에 인정받고 승승장구하는 무기가 된다.

나는 후배들에게 공부할 때 온 힘을 다해 열심히 하되, 별거 아닌 것처럼 보이는 작은 일들에도 관심을 가지라는 말을 자주 한다. 이를테면, 영감을 주는 한 편의 글이나 깊이 사유하게 만드는 어려운 쟁점, 동료나 스승님께 들은 말 한마디 같은 것들이 어느 순간 인생의 전환점이 되는 터닝 포인트가 될 수 있음을 강조한다.

큰일을 해내는 사람은 작은 일부터 시작하기를 거부하지 않는다. 실제로 일상에서 정말 대단한 큰일은 그리 많이 일어나지 않는다. 대체로 큰일이란 지나치기 쉬운 사소한 일들이 모여 생기는 것이기 때문이다. 우리 인생은 모자이크 그림 같은 것이다. 작은 조각들을 하나하나 꿰맞추다 보면 어느 순간 멋진 그림이 작품으로 온전히 펼쳐질 것이다.

게으름은 부지런히 당신을 갉아먹는다

게으름은 모든 악의 근원이다. 그것은 한 사람뿐만 아니라
심지어 한 민족 전체를 무너뜨릴 수도 있다.

하버드 출신으로서 가장 유명한 기업인 중 하나인 마이크로
소프트 창업자 빌 게이츠Bill Gates는 말했다.

"게으름은 한 사람의 영혼을 집어삼킵니다. 아무리 단단한 강
철이라도 먼지처럼 다가가서는 결국 녹이 슬게 만들죠. 게으름
은 모든 악의 근원입니다. 그것은 한 사람뿐만 아니라 심지어 한
민족 전체를 무너뜨릴 수도 있습니다."

나는 때때로 이 말을 되새기면서 나 자신을 다잡곤 한다. 또한
주변 사람들에게도 이 놓치기 쉬운 사실을 다시금 돌아보게 하
고자 종종 인용하곤 한다.

게으름은 바이러스 같아서 누구에게나 치명적이다. 한번 들
러붙은 게으름은 떼어내기가 좀체 쉽지 않다. 인류의 가장 큰 적
은 아무래도 게으름이지 싶다. 게으름은 편안함을 미끼로 일을
망치게 한다. 게으른 사람은 어려움에 직면할라치면 그 문제로
부터 슬쩍 물러나고는 '어떻게든 되겠지' 하며 편안을 가장한 나

태로 일을 외면한다.

4:30 A.M. 제자 몇을 데리고 몇 개월간 하버드 연수를 다녀온 베이징대의 한 교수가 말했다.
"아시아 학생들이 엄청난 학업 스트레스에 시달리고 있다 하는데, 사실 그렇지도 않네. 하버드생들과 비교하면 너무 편안하게 공부하고 있어."
하버드 캠퍼스의 그 뜨거운 학구열을 몸소 체험한 그는 자기 제자들이 걱정된다고 했다.
"하버드생들에게서는 도저히 게으름이라는 걸 찾아볼 수 없었네. 내가 데려간 학생들은 틈만 나면, 그 틈에 더 쉴 틈만 찾는데 말이야. 하버드생들의 학문 탐구 열망과 그 학습 열정은 우리 학생들과는 비교가 안 되더군."
실제로 하버드 유학생 중 일부는 게으름을 피우며 공부를 미루다가 수업 진도를 따라가지 못하고 결국 돌아간다. 어쨌든 나름대로 공부에 잔뼈가 굵다는 이들인데도 말이다.

심리학자들은 게으름을 일종의 따분한 심리로 본다. 게으름은 여러 형태로 표출되는데 미루기와 망설이기로, 심하게는 나태와 기피로 발현된다. 이런 심리 상황에서는 대체로 다음과 같은 증상을 보인다.

1. 활동적인 일들을 싫어하고 언제나 우울감을 가지고 있다.

2. 주변 사람들이나 주변에서 일어나는 일들에 대해서 무관심하고, 온종일 자신만의 공상에 빠져 있다.

3. 혼자 있는 상황을 선호하고, 가족 혹은 친구들과 함께하는 것을 불편해한다.

4. 고민, 잡념으로 말미암아 불면증에 시달린다.

5. 학생의 경우 잦은 지각과 결석에도 위기감을 느끼지 못하고, 직장인의 경우 나쁜 근태에도 긴장감이나 죄책감 없이 태연하다.

6. 학생의 경우 학습 활동에 집중하지 못하고, 직장인의 경우 업무 활동에 집중하지 못한다.

7. 주도적으로 생각하지 못하고, 방향감을 상실한 채 습관적인 관성으로 공부하고 일한다.

물론 게으름은 사람에 따라서 다른 형태를 보일 것이다. 어떤 이는 자신이 게으르다는 사실조차도 인식하지 못한 채 하루를 허투루 보낸다. 어떤 이는 해야 할 일을 최대한 미루는 일을 하며 하루를 무의미하게 보낸다. 이미 만성화된 게으름은 고치기가 무척 어렵다. 개선 의지는 있으나 그 방법을 몰라서 하루하루를 그저 게으르게 보내는 사람이 얼마나 많은가.

'아, 좀 더 부지런해져야 할 텐데.'

문득 이런 생각이 든다면, 지금이 변화할 타이밍이다! 게으름은 인간이 가진 뿌리 깊은 성질이다. 하지만 분명 이를 제어할수 있다. 성실하게 노력하는 습관을 기른다면 게으름은 자연스럽게 억제될 것이다.

　한 번 주어진 삶을 게으름이 장악하게 만들어서는 안 된다. 게을러질수록, 아이러니하게도 게으름은 더욱 부지런히 우리 생을 갉아먹는다. 이러한 게으름의 속성을 일찍이 깨달은 하버드생들은 매일 게으름과 싸워 이기고자 자신을 단련한다.

게으름을 극복하는 가장 쉬운 방법

게으름보다 부지런함이 좋다는 사실은 누구나 안다. 그럼에도 게으름 극복법을 몰라 게으름에 빠져 사람이 많다. 프랭클린 루스벨트는 말했다.

"게으름은 마치 철에 녹이 스는 것처럼 우리를 망가뜨린다. 자주 사용하는 열쇠는 언제나 반짝거리게 마련이다."

이루고자 하는 목표를 실현하려면 성실함과 성취욕을 갖고 있어야 한다. 게으름을 피우면서 매번 미루기만 한다면 그 어떤 성공도 손에 쥘 수 없다.

하버드의 교수들은 학생들에게 게으름을 극복하는 방법으로 몇 가지를 제안한다.

1. 게으름이 고개를 들려고 하는 순간, '오늘 지구가 멸망한다'
   라고 생각한다. 과연 이 아까운 시간을 낭비할 수 있을까? 지
   금 당장 행동을 해야 한다.

41

2. 목표가 있다면 이를 가지고 자신을 스스로 채찍질한다. 목표
   에 도달하기 위해서 지금 이 순간 자신이 무언가를 하고 있는
   지를 평가하는 것이다. 이렇게 하면 노력의 동기와 뚜렷한 방
   향성이 생긴다. 목표란 그 자체만으로도 의미가 있지만, 이는
   시간을 합리적으로 활용하도록 하는 기준이 되기도 한다. 언
   제까지 무엇을 이룰 것인지 계획한다면, 그에 걸맞게 연, 월,
   일 단위의 계획 또한 세울 수 있다. 이렇게 쪼개진 계획에 따
   라서 하루하루 시간을 효율적으로 쓸 수 있다. 목표를 이루기
   위해 더 중요한 일과 덜 중요한 일로 구분도 할 수 있다.
3. '내일부터 하자' 하는 생각은 절대 하지 않는다. 게으름의 달
   콤한 유혹을 뿌리치기란 공복 상태에서 맛있는 음식을 앞에
   두고 참는 것만큼이나 힘든 일이다. 그럼에도 게으름을 이기
   려는 굳은 의지를 품고 이를 극복할 방법을 익혀 체화한다
   면 바라는 목표마다 현실이 될 것이다.

지혜를 얻는 가장 쉬운 방법

지혜는 아무렇게나 얻어지는 것이 아니다.
성실한 노력 없이는 지혜를 얻을 수 없다.

《정의란 무엇인가》의 저자로 유명한 마이클 샌델Michael Sandel 하버드 교수는 한 강연에서 말했다.

"아무리 기름진 땅이라도 씨를 심어 가꾸지 않으면 달콤한 열매는 자라나지 않습니다. 마찬가지로 아무리 똑똑한 사람이라도 성실하지 못하면 낫 놓고 기역 자도 모르는 일자무식이 되지요."

같은 맥락으로, '성실과 지혜는 쌍둥이이고 게으름과 어리석음은 형제다'라는 말이 있다. 학식이 높고 지혜로운 사람은 단기간의 열정이나 요령으로 실력을 쌓은 것이 아니다. 끊임없는 노력으로 열심히 공부하면서 한 걸음 한 걸음 꾸준히 걸어왔기 때문에 지금의 위치에 오른 것이다.

우리는 항상 다른 사람들보다 뛰어난 능력을 갖추고 차원이 다른 성공을 거두길 바란다. 그러나 능력과 지혜는 아무렇게나 얻어지지 않는다. 성실하게 노력하지 않는다면 능력도, 지혜도 얻을 수 없다. 그저 타고난 재능이 없음을 한탄하면서 아무것도 하지 않고, 게다가 게으름으로 일관한다면 어리석음과 형제가 될 수밖에 없다.

4.30 a.m. 어느 날 한 철학자가 제자 셋을 잡초가 무성한 땅으로 데려가 물었다.

"이 땅에 있는 잡초들을 없애려면 무슨 방법을 써야 하겠는가?"

첫 번째 제자는 "불을 질러 태워버리겠습니다"라고 했고, 두 번째 제자는 "낫으로 베어버리겠습니다"라고 했으며, 세 번째 제자는 "농약을 뿌려 해결하겠습니다"라고 했다.

철학자는 제자들의 답변을 듣고도 그 자리에서 평가하지 않았다. 그는 제자들에게 땅을 나눠주고는 저마다 생각해낸 방법으로 잡초를 없애도록 했다.

첫 번째 제자는 잡초를 태워 없앴다. 그러나 며칠이 지나자, 잡초가 다시 돋아나기 시작했고 곧 무성하게 자라났다.

두 번째 제자는 손 가는 대로 잡초를 베었지만, 역시 얼마 못 가 잡초가 다시 무성해졌다.

농약을 쓴 세 번째 제자는 땅 위로 돋아난 잡초만 없앴을 뿐 뿌리까지 박멸하지 못했다. 이내 잡초가 무성해졌음은 물론이다.

결국 그들 모두 실망하며 잡초밭을 떠나버렸다.

몇 달 뒤, 철학자가 제자들을 데리고 다시 그 땅으로 갔다. 불과 몇 달 전까지만 해도 잡초만 무성하던 땅은 어느새 푸른 보리밭으로 변해 있었다. 그것을 본 제자들은 깜짝 놀랐다. 이윽고 철학자가 미소하며 말했다.

"잡초를 없앨 가장 좋은 방법은 쓸모 있는 작물을 심는 것이다."

게으름은 밭에서 나는 잡초이고, 성실함은 푸른 보리이다. 지금 게으른 인생을 살고 있는가? 그렇다면 위의 이야기를 통해 깨달음을 얻으라. 성실함이야말로 게으름을 엎을 최선의 도구다.

성실하다는 것은 무엇인가? 성실함이란 끊임없이 자신의 목표를 위해 노력하고 계속 배우는 자세를 잃지 않는 것을 말한다. 성실한 사람은 이미 현명하고 지혜로운 사람이 되는 열쇠를 쥔 셈이다.

신은 누구에게나 공평하다

《아큐정전》으로 유명한 중국의 대문호 루쉰은 하늘이 낸 천재라는 말을 들었지만, 정작 본인은 그렇게 생각하지 않았다. 그는 세상에 천재란 없으며, 자신이 이룬 문학적 성과는 그저 남들이 차를 마실 동안 일한 덕분이라고 믿었다. 루쉰은 작품 속에서 이런 말을 했다.

'천재라고 해서 태어나는 순간부터 시를 읊는 것은 아니다. 천재도 처음에는 보통 아기들처럼 운다.'

신은 공평하다. 그래서 사람은 누구나 빈손으로 태어난다. 그럼에도 어떤 이가 더 큰 성공을 이루는 것은 그만큼 더 성실히 노력했기 때문이지, 그 이상도 이하도 아니다.

이 점에 대해 하버드 교수는 좋은 비유를 들어 설명한다.

"성공이란 독수리가 병아리를 낚아채듯 쉽게 얻을 수 있는 것이 아니다. 성실히 공부하고 치열하게 노력해야만 성공할 수 있다."

하늘은 스스로 돕는 자를 돕는다. 태어날 때부터 능력을 갖춘 사람은 아무도 없다. 하버드생들은 모두 자신들이 성실히 노력하고 공부했기 때문에 이 능력과 지혜를 얻었다고 생각한다. 그들은 자신의 타고난 천재성에 의지하거나 자만하지 않는다.

최악의 바보는 반성하지 않는 사람이다

끊임없이 발전하는 사람은 자신이 다른 이들에 비해
무엇이 부족한지를 늘 돌아보고 반성한다.

하버드생들은 졸업한 후 엘리트 인재로 성장하여 각계각층을 선도한다. 이는 부정할 수 없는 사실이다.

그들은 만족스럽지 않은 직장에 다니게 되거나, 보수가 적으면 어떻게 할까에 대한 고민을 하지 않는다. 자신들의 실력에 걸맞은 대우를 받기 때문이다('하버드 출신'이 그렇지 못한 경우를 본 적 있는가?).

그렇다면 어째서 하버드 출신은 이토록 특별한 능력을 갖춘 것일까? 이에 대한 답은 하버드의 교육 방식에서 찾아볼 수 있다. 하버드는 학생들이 각자의 능력을 키우도록 특별히 관리해 준다. 훌륭한 스승과 제자가 함께 모여 학문을 연구하고 있으니, 학교 전체의 실력이 좋을 수밖에 없다. 물론 하버드는 이에 그치지 않는다. 하버드의 특별함은 바로 우수한 신입생을 위한 장학 제도에 있다. 학비와 생활비를 감당할 능력이 없을지라도 탁월한 학생이라면 하버드는 입학을 허용하고 장학금을 제공한다.

과연 얼마나 우수한 학생이어야 하버드 장학생이 될 수 있을까? 당연히 학과에 따라서 하버드가 생각하는 '우수한 학생'의 정의도 달라질 것이다. 다만 한 가지 확실한 것은, 하버드는 선천적인 재능과 후천적인 학습 능력 모두가 우수한 학생을 선택한다는 사실이다.

선천적 재능만 놓고 본다면 누구나 '가장 우수한 학생'이 될 수 있다. 그 누가 선천적인 재능을 받지 못했겠는가? 누구나 자신만의 재능 하나쯤은 가지고 있을 테니 말이다. 하지만 후천적인 학습 능력은 성실히 노력하는 학생들만이 가진 매우 특별한 능력이다.

그 밖에도 하버드가 가장 중시하는 학생의 자질은 스스로 반성하는 능력이다. 열심히 반성하는 사람은 자신과 타인의 차이를 똑바로 인식하고 계속해서 발전할 가능성이 있기 때문이다. 게다가 하버드는 학생들에게만 반성할 것을 요구하지 않는다. 학교 자체에서도 끊임없는 자기반성으로 돌아보고 발전을 멈추지 않고 있다.

4:30 A.M. 세계 최고의 상아탑인 하버드는 화려한 업적을 세워왔지만, 그 자체만으로 완벽한 학교 혹은 최고의 학교라고 부르는 것은 아니다.

실제로 2007년, 30년이 넘도록 하버드 강단에 서온 해리 루이스 Harry R.Lewis 교수는 《영혼 없는 특별함Excellence without A Soul》이라는 저서를 통해 하버드의 각종 문제점과 해결 과제를 꼬집었다.

그는 하버드가 최고의 교수진을 영입하거나 우수한 학생들을 선발하는 데만 지나치게 많은 힘을 쏟고 있다고 비판했다. 상아탑으로서 갖춰야 할 기본, 즉 지혜와 능력, 사회적 책임감을 갖춘 인재를 길러내는 교육 자체를 간과하고 있다는 것이다. 또한 그는 하버드의 커리큘럼이나 학점을 부여하는 방식, 소통과 협력의 네트워크, 대학 내 범죄, 지도 방식 등을 자세히 분석하고 교육적으로 부족한 점들을 꼬집었다. 하버드의 교육 목적이 기존의 일방적인 '지도형 교육'에서 아래로부터의 '요구형 교육'으로 바뀌어야 하며, 우수 인재 영입만큼이나 교육 개혁에도 노력을 기울여야 한다고 주장했다. 책을 통해 루이스 교수가 짚은 문제점과 제안은 하버드에 신선한 충격을 던져주었다. 하버드 교육대학원의 하워드 가드너Howard Gardner 교수는 말했다.

"루이스는 용기와 지혜를 갖춘 사람이다. 이토록 대담하고도 실용적인 책을 쓰다니! 하버드는 반성하고 부족한 점들을 채워나가도록 노력해야 한다."

루이스 교수의 주장에 대해 하버드는 귀를 닫거나 나아가 문책하는 등의 퇴보적 조치를 하지 않았다. 오히려 하버드는 그의 제안에 귀 기울이며 교육문화를 개선해 나아갔다. 하버드라는 학교가 세계 최고의 명문 타이틀을 유지하는 이유는 바로 이러한 열린 태도 덕분이다.

지금 우리에게 필요한 것은 끊임없이 자신을 돌아보는 하버드의 자기반성 정신이다.

눈에 띄게 발전하는 사람들은 하나같이 반성하는 습관을 체득하고 있다. 그들은 좌절, 포기, 피해의식에 주저앉지 않는다. 오히려 자신을 채찍질하며 적극적으로 나아간다.

적절한 자기반성으로 나를 돌아보며 성실히 노력해보자. 그러면 한층 성숙하고 점점 발전하는 더 나은 나를 만날 수 있을 것이다.

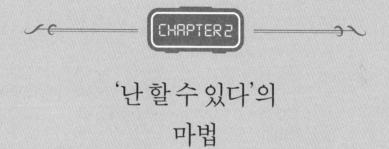

CHAPTER 2

'난 할 수 있다'의
마법

자신감이 만들지 못할 기적이란 없다

'할 수 있다'는 믿음만 있다면
해내지 못할 일은 없다.

성공학의 대가이자 자기계발서의 창시자로 불리는 나폴레온 힐Napoleon Hill은 말했다.

"자신감이 있는 사람은 산도 옮길 수 있습니다. 자신이 성공할 것이라 믿는 순간, 당신은 이미 성공의 첫발을 내디딘 것입니다."

이는 성공하는 데 필수요소가 바로 자신감이라는 의미다. 하버드가 발전할 수 있었던 이유 중 하나는 바로 이 자신감이다. 하버드 특유의 자신감이 이 학교를 세계적인 명문으로 세우며 수많은 기적을 만들어냈다.

하버드는 창립 초기 때부터 세계 일류 대학을 목표로 삼았다. 하버드는 할 수 있다는 믿음으로 기어코 그 목표를 실현했다. 하버드의 졸업생들은 실제로 세계 정상급 인재들이 되었고, 정치, 문화, 경제 등 다방면에 걸쳐 커다란 영향을 끼쳐왔다.

하버드 캠퍼스를 거닐다 보면 학교를 둘러싼 유구한 역사를 직관적으로 느낄 수 있다. 그 속에서 우리는 마치 우뚝 선 거인 같은 하버드의 위용에 압도되고 만다. 캠퍼스를 바삐 걸어가는 다양한 인종의 사람들에게서 세계 각지의 언어가 흘러나온다. 언제나 외부에 개방된 하버드는 지구촌의 축소판 같다. 광장은 자동차와 사람들로 늘 북적인다.

이 세계 최고의 대학에 모인 각국의 인재들이 열심히 지식을 쌓고 인생에서 가장 귀중한 경험을 얻고 있다. 세계화가 낯설지 않은 오늘날, 수백 년의 역사를 지닌 하버드는 여전히 긍지를 가지고 세계를 이끌어간다. 이것이 바로 하버드의 자신감을 가장 잘 보여주는 부분일 것이다.

하버드의 에머슨 교수는 이런 말을 했다.

"할 수 있다고 믿는다면 하지 못할 건 아무것도 없습니다. 두려움을 넘어서지 못하면 이러한 인생의 첫 번째 교훈을 얻지 못합니다."

하버드의 자신감과 관련하여, 하버드에서 열린 연설회에서 미국의 저명한 심리학자 케인 박사가 어느 흑인 아이의 이야기를 들려주었다.

4:30 A.M. 어느 날, 공원에서 한 무리의 백인 아이들이 즐겁게 놀고 있는데 풍선을 파는 노인이 저만치에서 걸어왔다. 백인 아이들은 노인의 손에 들린 풍선을 보자 우르르 달려들어 모두 하나씩 풍선을 사 갔다. 그리고 나서는 다시 떠들썩하게 장난을 치며 형형색색의 풍선을 하늘로 날려 보냈다.

그때 공원 화단 쪽에서 한 흑인 아이가 나타났다. 이 아이는 백인 아이들과 함께 놀고 싶었지만 차마 다가갈 용기가 없어서 마냥 부러운 눈빛으로 그들을 바라만 보고 있었던 것이다.

백인 아이들이 사라지고 난 뒤, 흑인 아이는 풍선 파는 노인에게 다가가 조심스럽게 물었다.

"저어, 저도 풍선을 하나 살 수 있을까요?"

노인은 미소하며 소년을 바라보고는 부드러운 목소리로 물었다.

"물론이지. 무슨 색깔을 좋아하니?"

그러자 소년은 잠시 입술을 감쳐물다가 대답했다.

"검은색 풍선을 갖고 싶은데 괜찮을까요?"

노인은 이내 고개를 끄덕이며 검은색 풍선을 소년에게 건넸다. 흑인 소년은 풍선을 받아 들고 노인의 주위를 뛰어다니더니 갑자기 백인 아이들처럼 풍선을 놓았다. 그러자 검은색 풍선이 하늘로 솟아오르면서 파란 하늘과 하얀 구름 사이로 멋지게 날아가는 것이었다.

노인은 날아가는 검은 풍선을 바라보다가 흑인 소년의 머리를 쓰다듬으면서 말했다.

"애야, 저 풍선을 보렴. 저 풍선이 하늘로 날아갈 수 있는 것은 예쁘게 생겨서가 아니라 풍선 속에 공기보다 더 가벼운 수소가스가 가득 들어 있기 때문이란다."

흑인 아이는 눈을 반짝이면서 노인의 말에 귀를 기울였다.

"사람들도 마찬가지란다. 성공과 실패는 피부색이나 출신에 따라서 결정되는 것이 아니야. 바로 저렇게 오르고자 하는 자신감

57

이 가득 차 있는 사람이 성공하는 거란다. 수소가스 같은 자신감 말이야."

흑인 아이는 고개를 끄덕였다.

케인 박사는 이 이야기를 마치고는 하버드생들에게 물었다.

"이 이야기 속의 흑인 아이는 나중에 어떻게 되었을까요?"

그러자 학생들은 모두 갸우뚱했다.

"그 아이는 자라서 심리학자가 되었고, 지금 이 강단에 서서 여러분에게 흑인 아이의 이야기를 들려주고 있지요."

그 흑인 아이는 바로 케인 박사 자신이었다. 그 자리에 있던 학생들은 환호의 박수를 보냈다.

삶은 누구에게나 쉽지 않다. 인생을 살아가는 데 꺾이지 않는 투지가 필요하지만, 그보다도 더 필요한 것은 바로 시련을 이겨 낼 수 있다는 자신감이다. 위대한 기적은 자신감에서 비롯되었다는 사실을 기억하라.

자신감은 자기 자신을 인식하고 존중하는 이성적인 삶의 태도다. 자신감이 부족한 이들은 자신에게 부정적인 감정을 느끼게 되어 충분히 해낼 일도 제대로 완수하지 못한다.

오그 만디노가 제안하는 자신감의 습관

성공학의 대가 오그 만디노Og Mandino는 자신감의 중요성에 대해 이렇게 말했다.

"성공하기 위해 갖춰야 할 덕목은 여러 가지가 있지만, 그중에서 가장 중요한 것이 바로 자신감입니다."

그렇다면 어떻게 해야 자신감을 가질 수 있을까? 만디노는 이렇게 제안한다.

1. 용기: 자신의 운명은 스스로 좋은 방향으로 바꿀 수 있다고 생각하고 용기를 가져라. 출신이나 부모, 국적 등을 스스로 선택할 수는 없지만, 우리 운명은 우리 손으로 선택할 수 있다. 성공을 원한다면 운명을 바꾸려는 용기가 필요하다.

2. 긍정: 자기가 현재 가지고 있는 것들을 긍정해야 한다. '신발 한 켤레를 더 갖지 못해 짜증이 난다면 이는 두 다리를 갖지 못한 사람을 보지 못했기 때문이다'라는 말이 있다. 내가 가진

59

두 다리의 귀중함을 발견하면 더 큰 긍정과 자신감을 가질 수 있다.

3. 장점 발견: 자신의 장점을 극대화하여 목표에 다가가도록 노력해야 한다. 매서운 겨울이 영원히 지속되지 않듯, 실패만 계속되는 인생이란 없다. 지금 당장 가진 것이 부족하고, 재능이 없다고 생각될지라도 자신만의 장점을 찾아내고 자신만의 목표를 향해 나아가다 보면 자신감과 더불어 성공이 찾아올 것이다.

자신을 믿지 못한다면 무엇을 믿을 수 있겠는가?

한 건물을 떠받드는 기둥처럼 믿음이란 우리 삶을 지탱한다.
그 믿음이 바로 우리의 내일을 있게 해준다.

하버드에서 공부하던 후배가 학교 친구들과 함께 캠퍼스에서 찍은 사진을 본 적이 있다. 젊은 학생들은 그 누구든 다 빛이 나게 마련이지만, 그 사진 속의 하버드생들은 특히 더 빛났다. 자신감과 희망으로 말이다. 그들의 해맑은 미소는 마치 태양이 그들의 미래를 환하게 비춰주는 것 같았다.

성공한 사람들을 자세히 살펴보면 한 가지 공통점을 발견할수 있다. 바로 언제 어디서든 자신감 있게 당당히 행동한다는 사실이다. 역사적으로 위대한 업적을 남긴 사람들 모두 이런 자신감이 있었다. 자기 믿음이 부족한 사람은 한 번 실패를 맛보면곧 실망하고 비관하여 다시는 도전하지 않는다. 심지어 일어서지도 못 한 채 그대로 추락해버리는 이들도 있다. 반면 흔들리지않는 자신감을 지닌 사람은 끊임없이 시도하고 앞으로 나아간다. 설사 실패하더라도 그것을 발전의 자양분으로 삼는다. 그들은 목표에 도달하지 못해도 절대 멈추지 않는다.

하버드의 한 교수는 말했다.

"스스로에 대한 믿음은 삶을 지탱하는 기둥이다. 그래서 우리의 내일과 운명을 긍정적으로 바꿔놓는다."

`4:30 P.M.` 게일이라는 하버드 졸업생이 졸업하자마자 자신의 전공을 살려 작은 회사를 창업했다. 그의 회사는 불과 몇 년 만에 몇 배나 성장했고, 100만 달러가 넘는 영업이익을 남겼다. 그는 여기에 만족하지 않았다. 그는 자신의 회사를 주식 시장에 상장하고 더 많은 자금을 투자받아 사업을 확장하고자 했다.

당시에는 회사를 창업하는 것은 어렵지 않았지만, 실력 있는 월스트리트의 주식발행 인수인을 찾기란 녹록지 않았다. 그들은 별 볼 일 없는 작은 회사들에는 관심이 없었기 때문이다. 그래서 게일은 상장에 필요한 모든 수속을 끝냈음에도 그의 파트너가 되어줄 증권업체를 단 한 군데도 찾을 수가 없었다. 이때부터 게일은 큰 고민에 빠졌다.

이런 상황에서 보통의 사람이라면 더 이상 회사 확장에 대한 꿈을 포기했을 테지만, 자기 비즈니스에 자신이 있었던 게일은 더 이상 증권업체의 도움을 기대하지 않고 스스로 회사의 주식을 팔기로 했다.

그는 도움을 줄 만한 친구들을 모아 각 도시를 돌면서 자기 회사 설명회를 열었다. 이러한 게일의 불도저식 방식은 업계에 커다란 반향을 불러일으켰다. 그럼에도 보수적인 월스트리트 회사들의 눈에는 그저 배꼽을 잡고 웃어넘길 수준의 객기에 불과해 보였다.

과연 게일은 어떻게 되었을까? 그는 결국 '거물이 승리하는' 월 스트리트의 전통적인 관념을 깨고 여봐란듯이 승자가 되었다. 사람들은 이 열정적이고 자신감 넘치는 젊은 창업가의 신선한 방식에 커다란 관심을 보였다. 존경, 호기심 혹은 한번 투자를 해볼까 하는 가벼운 마음이었을 수도 있겠지만, 어쨌거나 결과적으로 게일의 주식은 날개 돋힌 듯 팔려나갔다. 단기간에 그는 거의 50만 주를 팔아 100만 달러에 가까운 자금을 모았다. 자금이 확보되자, 게일의 자신감은 더 커졌다. 그는 공격적으로 투자하여 규모가 큰 회사들을 하나둘 사들이기 시작했다. 마치 작은 물고기가 큰 물고기를 삼키는 격이었다. 2년 후 게일의 수중에 모인 자금은 무려 50억 달러가 넘었다. 그렇게 그는 주식계의 전설이 되었다.

이 세상에서 뛰어난 성과를 이루고 성공하기란 절대 쉽지 않다. 그러므로 우리는 남들이 모두 똑같이 가는 정해진 길이 아닌 새로운 길을 개척해야 한다. 많은 이가 성공하지 못하는 이유는 능력이나 기회의 부족 때문이 아니다. 새로운 길을 걷기에 자신이 부족하다고 스스로 생각하기 때문이다. 자신에게 새로운 기적을 만들 능력이 있음을 믿지 못하기에 남들이 해놓은 규칙에서 벗어나지 못한다. 어려움을 만날라치면 곧바로 포기하기를 서슴지 않는다.

지금 꿈꾸고 있는가? 해보고 싶은 일이며, 잘할 수 있을 것 같은가? 그렇다면 그 꿈을 이룰 수 있다고 온전히 믿어라. 그 자신감이 앞으로 나아갈 추동력이 되어줄 것이다. 자신감은 극복해야 할 모든 요소를 제대로 장악하는 강력한 도구이자 힘이다.

부족한 사람은 없다, 열등감만 있을 뿐

열등감에 얽매이면 타고난 성격마저도 소극적으로 변한다.
열등감은 자신을 가둬버리는 감옥과 같다.

나는 여러 학교에 초청되어 강의하러 가곤 한다. 강단에 서서
아래를 내려다보면 강의를 듣는 학생들은 여지없이 두 부류로
갈린다. 한 부류는 고개를 바짝 들고서 내 말 하나하나를 진중
히 듣는 이들이고, 나머지 한 부류는 몸을 잔뜩 움츠린 채 멍한
눈빛으로 듣는 둥 마는 둥 하는 이들이다. 이 두 부류의 특성은
한마디로 정의된다. 바로 자신감이 있는 사람과 열등감에 빠진
사람.

우리는 주변에서 열등감에 사로잡혀 있는 사람들을 어렵지
않게 보곤 한다. 특히 희망과 열정으로 가득해야 할 청년 중 자
신감을 상실한 이가 얼마나 많던가. 그들은 무슨 일을 하든지 의
지가 약할뿐더러 지레 의기소침해 있다. 그러니 어디에서도 인
정받지 못한 채 잉여 인간으로 전락해버린다. 그들은 다른 사람
들이 자신을 어떻게 바라볼까에 대해서 지나치게 신경 쓴 나머
지, 언제나 자신의 목소리에 귀를 기울이지 못하고 소심하게 행

65

동한다. 결국 자신을 부정하는 습관을 달고 산다.

자기 자신에게조차 인정받지 못하는 사람이 어떻게 남들에게 인정받을 수 있을까(이는 자신을 믿지만, 상대방도 존중하기 때문에 우러나오는 겸손과는 근본적으로 다른 의미다)? 열등감의 늪에 빠지면 수백 가지 이유를 들어 자신을 부정하고 비하하게 된다. 가령 키가 작다든지, 피부가 까맣고 눈이 작다든지, 학벌이 나쁘고 집안 또한 별로라든지 등등 이유도 다양하다. 이런 이들은 상대방이 열 마디 좋은 칭찬을 한다고 해도, 그중 자신이 평소 부족하다고 생각했던 부분에 대한 언급이 있으면 상대방이 자신을 무시한다고 생각하기도 한다.

이런 식으로 열등감에 자신을 가둔 사람은 당연히 소극적이고 폐쇄적으로 변한다. 열등감은 우리를 정신적으로 유약하게 만들어 똑바로 서서 자신의 앞날을 바라보지 못하도록 만든다. 이런 사람들은 자기에게 주어진 기회, 행복, 행운 등에 대해서 인식하지 못하고 오로지 당면한 문제에 매달려 항상 걱정만 한다. 그러니 어떻게 앞으로 나아가며 자신에게 온 기회를 잡을 수 있겠는가?

하버드 총장 후보였던 애보트 로웰 교수가 한번은 교재도 없이 빈손으로 수업을 진행한 적이 있다.

"학생 여러분, 여러분은 저마다 다채로운 삶과 다양한 사람을 만납니다. 그들 중에는 어떤 상황에서도 밝은 빛을 보며 최선을 다해 살아가서 결국 행복을 얻는 사람이 있는가 하면, 언제나 비관적인 생각을 끌어안은 채 어둠 속에서 세월을 보내는 사람도 있습니다."

애보트 교수는 안경을 고쳐 쓰고는 말을 이었다.

"이들의 인생이 완전히 다른 이유가 어디 있습니까? 그건 자신의 마음 안에 있습니다. 각자의 마음속에 다른 것을 가지고 있었기 때문입니다. 그것이 무엇일까요?"

학생들은 저마다 의견을 말하며 토론하기 시작했다. 다양한 의견이 나왔지만, 교수의 마음에 드는 것은 없었다.

애포트 교수는 토론을 멈추게 한 뒤 진지하게 말했다.

"사실 답은 매우 간단합니다. 하지만 답을 알려주기 전에 이야기를 하나 들려드리죠. 이 이야기를 듣고 나면 답이 무엇인지 알 수 있을지도 모르니까요."

교수는 미소하며 이야기를 시작했다.

`4:30 P.M.` 인간이 탄생한 지 얼마 지나지 않았을 때였다. 어느 날 인간들과 장난을 치고 싶던 신이 천사들을 불러서 어떻게 하면 '열등감'을 인간들의 안에 몰래 넣을 수 있겠느냐고 물었다.

한참을 생각한 천사들은 저마다 의견을 내놓았다. 인간의 눈에 넣자는 의견도 있었고 귀에 넣자는 말도 나왔다. 누군가는 잇새에 숨겨두자고 하기도 했다. 하지만 신은 미소를 지으며 조용히 고개를 가로저었다. 천사들의 의견이 모두 마음에 들지 않는다는 뜻이었다.

그때 구석에 조용히 있던 한 어린 천사가 입을 열었다.

"사람들의 마음속에 숨겨놓는 것이 어떨까요? 그곳이 가장 깊숙

하고 은밀한 곳이니까요."

애보트 교수의 이야기를 들은 학생들의 얼굴이 자신만만하게 변했다. 학생 하나가 손을 들고는 말했다.

"교수님, 답은 자신감과 열등감입니다. 맞지요?"

그제야 교수는 만족스러운 얼굴로 고개를 끄덕였다.

그렇다. 인간의 가장 깊고 은밀한 곳에 신이 숨겨둔 열등감이라는 것은 언제나 다른 사람의 장점과 자신의 단점을 비교하게 만든다. 그러고는 자신이 남들보다 훨씬 못하다고 생각해버린다. 이렇게 마음속에 열등감이 깨어나면 스스로 성장하고 발전하는 데 브레이크가 걸린다. 열등감이란 불안을 증폭하고 집중력을 흩트려 하고자 하는 일을 가로막는 원흉이다. 그래서 실패를 경험하면 "역시 나는 안돼" 하며 더 큰 열등감에 빠지는 악순환이 반복된다.

'나는 잘하는 것이 없어', '내가 그런 대단한 일을 할 수 있을 리 없어' 따위의 열등감이 생길 때마다 이성적이고 냉철한 자세로 이를 물리치는 지혜가 필요하다. 명심하라. 열등감의 늪에서는 절대로 성공의 꽃이 피어나지 않는다는 사실을!

열등감을 극복하는 방법

하버드 교수들은 학생들에게 이런 말을 자주 한다.

"빨리 발전하고 좀 더 완벽해지고 싶다면, 자기 힘으로 열등감을 이겨내야 한다."

과연 열등감의 늪에서 빠져나오려면 어떻게 해야 할까?

앞자리에 폭탄이라도 설치되어 있는지, 많은 학생이 앞자리를 꺼리고 뒷자리를 선호한다. 교수에게서 멀어질수록 덜 긴장되기 때문일 것이다. 이 또한 열등감의 발로가 아닐 수 없다.

열등감이 가득하다면 강의실 앞쪽 자리에 앉는 게 좋다. 그러면 자신감 넘치는 이들의 마음을 느껴볼 수 있기 때문이다.

같은 맥락으로, 자신만만해 보이는 사람들이 하듯이 허리와 어깨를 똑바로 펴고 가볍고 경쾌하게 당당히 다녀보자. 당당한 자세를 하면 좋은 감정이 드는데, 이것이 습관이 되면 열등감이 들어설 자리도 없어진다.

이렇듯 열등감 극복을 위해 지금부터 태도와 자세를 바꿔보자.

자신감의 빈자리는 두려움이 채운다

두려움은 우리의 발을 묶고,
우리의 잠재력을 죽인다.

성공한 사람들은 흔히 자신의 성공 비결로 자신감을 꼽는다. 그렇다. 자신감이 있어야 원대한 목표를 세울 수 있다. 자신감이 있어야 지치지도 포기하지도 않고 꾸준히 목표에 도달하는 데 필요한 지식과 경험을 쌓을 수 있다.

그런데 어느 순간 자신감을 상실했다면 어떤 일이 벌어질까? 자신감을 잃은 자리에 두려움이 몰려든다. 두려움이란 어둠 속에 엎드려서 환할 때는 보이지 않다가 나중에 빛이 사라지고 나서야 나타나는 악마처럼, 자신감이 충만할 때는 은밀히 숨어 있다가 자기 믿음이 흔들릴라치면 즉시 나타나 우리 마음을 헤집는다.

하버드에서는 이러한 자신감과 두려움의 상관관계에 대해서 잘 인지하고 있다. 그래서 이들은 자신만의 목표를 세운 뒤 탄탄하게 쌓은 지식과 경험으로 이 두려움이 설 자리가 없게끔 만든다. 여기에서 중요한 것은 막연한 만용이 자신감과 같은 게 아니란 사실이다. 자신감이란 지식과 경험을 바탕으로 형성되는 것이다. 따라서 학생, 직장 초년생 등이 자신감을 얻고 싶다면 더 열심히 공부하면서 자신의 목표에 맞는 지식을 연마해야 한다. 만일 그렇지 못하면 자신감 대신 초조함과 두려움부터 느끼게 된다. 그런 이가 성공할 리 있겠는가?

실패를 경험한다면 당연히 두려움을 품지 않겠느냐고 반문할 수도 있다. 물론 두려움은 실패의 그림자처럼 실패한 후에 그 도도한 얼굴을 들이밀 것이다. 하지만 실패 뒤의 두려움 때문에 시도 자체를 하지 않는다면 좋은 기회들은 사라진다. 새로운 일을 할 때 실패 가능성이 있음을 인정하는 대신, 두려움을 극복하려고 해야 한다. 이런 용기가 사라지면 자신의 인생에서 방향을 잃고서 결국 절망 속에 빠져버리고 말 것이다.

하버드 출신이자 '콩코드의 철학자'로 불리던 위대한 사상가 랠프 에머슨Ralph Waldo Emerson은 두려움이 가득한 사람과 자신감이 넘치는 사람에 대해 이렇게 말했다.

"나약한 사람의 눈에는 잘 가꾸어진 농장과 집만 보이지만, 강인한 사람의 눈에는 허허벌판 속에서도 미래의 집과 농장이 보인다. 그의 눈은 마치 태양이 구름을 몰아내듯 빠른 속도로 집을 지어낸다."

4:30 A.M. 하버드를 졸업한 로저스는 한 대기업의 광고 기획자로 일하게 되었다. 그는 뛰어난 전공 지식을 갖췄지만, 막상 새로운 업무를 시작하자 마음속에 알 수 없는 두려움이 생겼다.

그는 고객을 만날 때마다 쩔쩔매면서 상대방이 자신을 어떻게 평가할지를 놓고 필요 이상으로 신경 썼다. 까다로운 고객이 자신의 의견에 고개를 저을라치면 온몸이 긴장으로 덜덜 떨릴 지경에 이르렀다.

이런 두려움 때문에 로저스는 갈수록 자신감을 잃어갔고 업무를 제대로 해내지 못했다. 그는 평범한 외모에 타고난 성향이 사교적이지 못했다. 그런데 이와 같은 점이 그에게는 일종의 심리적 압박으로 작용했다. 더욱 심각한 것은 사장의 무심한 표정 하나에도 그는 이런저런 부정적 시나리오를 상상하는 그의 소심함이었다.

이러한 이유로 로저스는 모두가 부러워할 만한 하버드 출신 배경을 가졌음에도 실제 업무 실적은 사람들의 기대치를 한참이나 밑돌았다. 결국 사장이 그의 해고를 진지하게 고민할 상황에 이르렀다.

그제야 로저스는 자신의 마음 자체를 바꿔야 한다는 사실을 깨달았다. 그때 불현듯 하버드 재학 시절 그의 지도교수가 했던 말이 떠올랐다.

"두려움은 우리가 나아가지 못하게 만들고 우리의 잠재력이 고개 드는 것을 방해한다."

학교나 사회에서 그를 가로막던 것은 외부의 환경이 아니라 바로 마음속의 두려움 그 자체였다.

그로부터 얼마 후, 로저스는 완전히 새로운 모습으로 사람들 앞에 나타났다. 사장은 마지막 기회라며 중요한 고객과의 미팅을 맡겼고, 로저스도 이번만큼은 사람들에게 실망을 주지 않았다. 말투와 행동부터 내면의 에너지까지 당당함을 마음껏 뽐낸 것이다. 이후 로저스는 회사에서 훌륭한 실적을 쌓아가며 승승장구했다.

어느 철학자가 이런 말을 했다.

"두려움은 의지를 가둔 감옥이다. 마음속에 들어와 조용히 숨어 있던 두려움은 미신을 불러오고, 미신은 날카로운 단검이 되어 우리의 영혼을 죽인다."

누구나 성공을 꿈꾸는 동시에 그것의 실패 가능성 때문에 두려움을 느낀다. 사실, 이는 지식과 경험이 충분하지 못하기 때문이다. 두려움이 앞선다면 충실한 공부와 탄탄한 경험을 통해 자기 믿음을, 자신감을 키워야 한다. 그리고 두려움 대신 '나는 무조건 할 수 있다'는 긍정적 마인드로 무장해야 한다. 그렇게 과감히 행동할 때, 두려움을 몰아낼 수 있을 것이다.

불가능을 가능으로 바꾸는 것

하나의 자신감은 하나의 성공을 부르고,
열의 자신감은 열의 성공을 부른다.

자신감이 부족하고 자기 능력을 제대로 인식하지 못하는 학생이 의외로 많다. 그들은 매우 훌륭한 학교에 다니며 좋은 성적을 내고 있음에도 많은 일을 불가능하다고 여긴다. 분명 자신이 이룰 만한 정도의 목표임에도 말이다.

명심해야 할 진리가 있다. 바로 하나의 자신감은 하나의 성공을 부르고, 열의 자신감은 열의 성공을 부른다는 사실이다. 실제로 사람들이 실패하는 이유는 대부분 자기 능력보다는 자신감 부족 때문이다.

'자신감만 가지면 절반은 성공한다.'

이는 하버드에서 강조하는 명언이다. 하버드에서는 자신감 있는 사람에게 불가능한 일이란 없다고 믿는다. 하버드의 한 심리학 강의 사례를 소개한다.

4:30 A.M. 제리는 5년 동안 가구 판매점을 운영해왔다. 사업은 그

74

럭저럭 괜찮게 운영되었고, 적당히 먹고살 만큼의 형편도 따라왔다.

그런데 그에게는 작은 걱정거리가 하나 있었다. 아내는 좀 더 큰 집으로의 이사와 마음에 드는 살림살이, 생활 잡화를 소비할 여윳돈이 좀 더 있었으면 하고 바랐던 것이다. 물론 이런 아내의 바람을 충족시킬 만큼 그 또한 경제적 능력이 더 생겼으면 좋겠다고 생각했다.

그렇게 5년의 세월이 흘렀다. 그사이 제리의 가족은 3에이커 넓이의 새집으로 이사 갔고, 그의 아내도 새 옷 한 벌 정도는 거리낌이 없이 살 정도가 되었다. 가장 중요한 것은 드디어 아들의 대학 등록금을 마련했다는 사실이다.

그해 여름, 그는 가족을 데리고 유럽으로 휴가를 떠났다. 지난 5년을 되돌아본 그는 뿌듯한 얼굴로 말했다.

"우리가 지금 이렇게 누리게 된 것은 5년 전에 내가 얻은 자신감의 힘 덕분이야!"

제리에게 그동안 무슨 일이 있었던 걸까?

5년 전, 제리는 디트로이트에 있는 어느 농업기기 회사 이야기를 듣고 숙고를 거듭한 끝에 새로운 사업에 도전하기로 결심했다. 새로운 사업을 하면 지금보다 네다섯 배 수입이 더 생길 수 있었기 때문이다.

제리는 농업기기 회사 사장을 만나기 위해 전날 디트로이트로 향했다. 사장과 만나기로 한 날은 월요일이었기에 그는 저녁 내내 숙소에 앉아서 이런저런 생각을 했다.

제리의 손에는 편지 한 장이 들려 있었다. 제리와 여러 해 알고 지낸 친구가 보낸 편지로, 그 친구는 제리보다 훨씬 성공한 삶을 살고 있었다. 제리는 곰곰이 생각했다.

'나보다 똑똑하지도 않고 학벌은 물론 인맥 또한 떨어지는데 왜 나보다 훨씬 성공한 걸까?'

제리는 친구와 자신을 차분히 비교해보았다. 한참을 생각하던 그는 친구가 자신보다 더 많이 가지고 있던 것이 무엇인지를 깨달았다. 바로 자신감이었다. 친구는 늘 긍정적이었고 매사에 자신감이 넘쳤다. 제리는 그때부터 자신을 돌이켜 반성했다.

어렸을 때부터 그는 늘 자신감이 없었다. 사실 그는 반에서 상위권에 들 만큼 공부를 제법 했다. 다만 유독 수학을 못했던 탓에 스스로 공부를 못한다고 생각했다. 그런 부정적인 마음은 학창시절 이후 사회생활을 하는 데서도 영향을 미쳤다. '아, 숫자와 관련된 건 자신이 없는데……' 하는 식의 생각들이 습관적으로 일 앞에서 불쑥불쑥 튀어나왔다. 많은 부분에서 강점을 보이는 그였음에도 유독 못하는 수학에 신경 쓴 나머지, 스스로 성공으로 가는 길을 차단했던 것이다. 여기까지 생각하자 제리의 입에서 기나긴 한숨이 흘러나왔다. 그는 이제부터라도 자신감을 가지고서 변하리라 다짐했다.

이튿날 아침, 그는 사장과의 협상을 첫 번째 자신감 테스트로 삼기로 했다. 원래 제리가 제안하고자 했던 투자 금액은 800달러에서 1,000달러였지만 자신의 상품에 대한 자신감이 생긴 그는 4,000달러를 요구해보기로 했다. 처음 생각했던 것의 네 배 수

준의 액수였다.

그런데 놀라운 일이 벌어졌다. 뜻밖에도 사장과의 협상이 순조롭게 이루어진 것이다! 제리는 그제야 깨달았다. 성공하는 데 자신감이 얼마나 큰 힘을 발휘하는지 말이다.

인생을 살아가는 데 자신감은 우리에게 엄청난 힘을 가져다준다. 성공한 사람들은 언제나 자신감으로 자기 기대치를 높이고 실패 속에서도 희망을 찾으며 불가능을 가능한 현실로 바꾼다.

평범한 외모 때문에 굉장한 열등감을 품고 사는 지인이 있었다. 그녀는 자포자기한 심정으로 더 이상 자신을 가꾸지 않았다. 그런 태도는 그녀의 일에도 영향을 미쳤다. 상사나 동료, 협업 파트너에게 외형적으로 내세울 게 없다고 생각한 탓에 자기주장 없이 늘 소극적이었다. 이런 태도는 상대방에게 의지가 없는 무능력한 사람이라는 인상을 주었다.

그녀의 남자 친구는 이런 그녀를 바꿔주기로 결심했다. 친한 친구들에게 부탁하여 매일 그녀에게 "너는 눈매가 정말 신비로워", "너의 늘씬한 몸매는 정말 우아해", "너의 피부는 건강미가 넘쳐 흐르는구나" 하는 식으로 외모 칭찬을 하게 했다. 또 자신은 그녀에게 "네 아이디어가 참 좋다", "넌 정말 능력이 있는 것 같다" 하는 식으로 외모 외적인 면을 칭찬해주었다.

몇 달 후 그녀는 어떻게 되었을까? 그녀는 확연히 예뻐졌다. 그녀는 성형수술을 한 것도, 화장을 더 많이 한 것도 아니었다. 그저 마음속에 있던 열등감을 극복하면서 내면을 가꾸었고, 외면 또한 가꾸다 보니 정말로 예뻐졌다. 평범하던 그녀가 매력적으로 변화할 수 있었던 것도 결국 자신감 덕분이다.

자신감은 잠자는 잠재력을 깨우고, 과감한 행동을 추동하고, 마침내 성공을 끌어온다.

마음속 가능성 키우기 연습

하버드에서는 학생들의 잠재력을 깨우기 위해 자기표현의 기회를 자주 제공한다. 그래서 모든 학생이 자기만의 무대를 갖고 자기 능력을 인식할 기회를 충분히 누린다.

하버드생들 또한 다른 사람들처럼 공부가 쉬운 일이 아님을 잘 알고 있다. 동시에 스스로 더 노력하는 것 외에도 충분한 자신감이 있어야 하며, 자신의 재능을 믿고 더 많은 시간과 에너지를 쏟아부어야 자신이 목표한 바를 이룰 수 있다는 점 또한 잘 알고 있다.

자신감이 없는 사람은 원하는 성공을 절대 얻을 수 없다. 열등감에 휩싸인 사람들의 세계에서는 모든 일이 '불가능'하기 때문이다. 그러나 자신감 있는 사람들은 '불가능'을 몰아내고 '가능'만을 마음속에 남겨둔다. 이것이 바로 자신감의 힘이다.

성공의 지도는 어디에 있을까?

자신감이 성공의 만능열쇠는 아니다.
그러나 자신감을 갖추면 성공하는 법을 알 수 있다.

지금까지 자신감의 중요성을 거듭 강조해왔다. 사실, 자신감 자체가 바로 성공과 직결되는 것은 아니다. 자신감은 성공을 이루기 위한 절반 정도의 자원이다. 그렇다면 나머지 절반은 무엇일까? 하버드의 유명한 명언에 답이 숨어 있다.

"자신감은 열매를 가져다주지는 않지만, 열매를 얻는 방법을 가르쳐준다."

그 나머지 반은 바로 적극성과 꾸준함이다. 목표를 세우고서 행동하도록 하는 동력이기 때문이다.

자신감이 성공을 이루는 만능열쇠는 아니지만, 이를 갖추면 성공에 이르는 방법을 볼 눈이 열린다. 자신감이 없는 사람이라면 두려움에 사로잡힌 나머지 일 처리의 순서, 일하는 방향, 조력자의 유무 등 성공에 이르는 방법들을 발견하는 혜안 없이 그저 산만하게 마음만 흔들릴 뿐이다.

성공한 사람들은 가만히 앉아서 성공이 다가오길 기다리지 않는다. 그들 중 요행 심리를 가지고 어느 날 갑자기 하늘에서 도깨비방망이가 툭 떨어지기만 기대하는 사람은 없다.

그렇다면 자신감은 어떻게 사람들을 성공으로 이끄는 걸까? 자신감이 넘치는 사람은 어려움이 닥쳤을 때 고민하거나 원망하느라 시간을 낭비하지 않는다. 그들은 스스로 생각하고 재빨리 문제해결 방법을 찾아낸다.

우리는 그들과 같이 자신감을 가지고서 주변에 있는 작은 일부터 시작하여 실천과 노력을 통해 성공에 다가가야 한다. 자신 있게 목표를 이루고 위기 속에서 기회를 잡으려 노력한다면 자신감은 당신의 성공을 위해 새로운 길을 열어줄 것이다.

하버드 MBA 과정을 밟으면서 3년간 학생회장을 맡았던 중국 유학생 판레이의 이야기는 자신감이 얼마나 대단한 힘이 되는지를 보여준다.

"강한 자신감은 제가 더욱 다양한 생각을 할 수 있도록 해줍니다. 자신감 덕분에 학생회장이 될 기회도 얻었고 또 더욱 높은 곳으로 나아갈 수 있게 되었죠."

학생회장으로 당선되었을 때, 판레이는 과연 자신이 잘해낼 수 있을지 좀처럼 확신이 서지 않았다. 하지만 그녀는 꾸준히 노력해서 바람직한 방향으로 나아갔다.

처음으로 성공을 거두고 자신감이 커지기 시작한 그녀는 주위의 다른 사람들에게도 자신감을 주고자 했다. 그래서 매우 특별한 음악회를 제안했다.

그 음악회는 하버드생들과 장애아동들의 합동 연주회였다. 몸이 불편한 어린이들은 사람들 앞에서 자신들의 가장 아름다운 모습을 선보였다.

특별한 음악회를 통해 하버드생들은 장애아동들에게서 강인한 의지를 배웠고, 장애아동들은 커다란 즐거움과 많은 관심을 받을 수 있었다. 여러모로 매우 뜻깊은 행사였다.

'자신감'을 주제로 열린 이 음악회는 정말로 하버드생들과 장애아동들 모두에게 더욱 큰 자신감을 불어넣었다.

이것이 판레이가 거둔 성공이다. 그녀는 자신감을 가지고 자신의 목표와 방향을 정함으로써 더욱 커다란 성공을 얻을 수 있었다.

자기계발의 대가 데일 카네기Dale Carnegie는 말했다.

"성공은 당신이 상상하는 것처럼 어렵지 않다. 자신감을 가지고 목표를 향해 끊임없이 시도하고 노력한다면 생각 하나만으로 목표를 이룰 수도 있다."

자신감을 가지고 노력한다면 성공은 손을 뻗으면 닿을 곳에서 우리를 맞이한다. 그렇기에 '난 가진 게 없어서 하지 못할 거야', '특별한 재능이나 배경이 있는 사람들만 쉽게 성공할 수 있지' 하는 식의 부정적인 생각이 자신을 지배하지 않도록 주의해야 한다.

살다 보면 그 길로는 더 이상 갈 수 없다는 생각이 들 때가 있다. 그러나 한차례 노력해보면 그 길 주변에 더 좋은 길이 있다는 사실을 깨닫게 된다. 그것이 바로 흔히 말하는 '기회'다.

자신감이 성공을 부르는 과정

우리는 모두 다양한 꿈과 계획을 갖고 있다. 이 모든 것을 온전히 현실화한다면 누구나 엄청난 성공을 거둘 것이다. 기억하라. 자신감은 성공이라는 열매를 가져다줄 수 없지만, 성공으로 가는 길을 찾도록 도와준다.

그렇다면 자신감이 알려주는 성공의 길이란 무엇일까?

1. 자신감을 통해 뚜렷한 목표를 가질 수 있다. 일단 목표를 정하고 나면 우리의 삶은 그 목표를 중심으로 돌아간다.
2. 자신감을 통해 인내심을 기를 수 있다. 대기만성이라는 말처럼 목표를 이루려면 여러 개의 작은 목표들을 실현해야 하므로 조급한 마음을 먹어선 안 된다.
3. 자신감을 통해 단숨에 해내는 것과 오랫동안 노력하는 것 두 가지 방법을 배울 수 있다. 짧은 기간 내에 이룰 수 있는 단기적 목표는 단숨에 해내고, 오랜 시간이 필요한 장기적 목표는

인내심을 가지고 꾸준히 노력해야 한다.

4. 자신감을 통해 시간과 에너지를 한곳에 집중해야 한다는 사
실을 알 수 있다.

파도를 만나보지 못한 배는 없다

그 누구도 인생의 파도를 피해 갈 수 없다.
다만 맞설 뿐이다.

하버드는 개교 이래로 지금까지 다른 학교와는 차별화된 생각과 태도를 고집해왔다. 또한 세계 제일이라는 넘치는 자신감으로 언제나 국제무대에서 자신만의 목소리를 내왔다. 이는 하버드만의 개성이기도 하다. 때로는 다른 곳들과 다른 의견과 행동 탓에 비난과 공격의 대상이 되기도 했지만, 결국 그 새로운 시각이 세계를 선두에서 이끌어왔고, 지금까지 그 무엇도 학문의 전당이라는 하버드의 이미지를 흐려놓지는 못했다.

하버드가 비바람 속에서도 튼튼하게 자라난 거목이라면 자신감은 그 나무를 지탱하는 뿌리일 것이다. 하버드와 학생들은 발전하고 성장하기 위해 늘 다양한 고비를 넘어야 했다.

어쩌면 우리의 인생도 이와 마찬가지가 아닐까? 자신감이 없다면 살아가며 마주치는 이런저런 어려움을 어떻게 견뎌낼 수 있을까?

어떤 사람들은 힘든 일을 겪었다고 자포자기하거나 작은 실패, 좌절 때문에 쉽게 자신감을 잃고 세상과 타인을 원망하며 시간을 아깝게 보내버린다. 또는 생각지 못한 상처를 입은 뒤 다시 일어서지 못하고 수렁에 빠져 자신의 꿈을 포기하기도 한다. 이런 사람들이 어떻게 길고 거대한 인생을 성공으로 이끌어갈 수 있겠는가?

나는 주변인들에게 하버드의 이 명언을 자주 전한다.

'인생이라는 바다에서 상처 없이 온전한 배는 없다. 우리가 해야 할 일은 자신감을 잃지 않는 것이다. 그것이 어려움을 물리칠 가장 강력한 무기이기 때문이다.'

4:30 A.M. 영국의 선박박물관에는 특별한 배 한 척이 있다. 이 배는 로이드라는 보험 회사가 거액을 들여 낙찰받아 박물관에 기증한 것이다.

1894년, 첫 항해를 시작한 이후 이 배는 대서양에서 116개의 암초와 충돌했고 138개의 빙산에 부딪혔으며 13차례의 화재를 겪었다. 또 폭풍을 만나 돛대가 부러진 횟수는 무려 207차례에 달했다.

끊임없는 사고로 상처투성이가 되었지만, 이 배는 파도가 거센 대서양을 건너며 단 한 번도 침몰하지 않았다. 오히려 자신감 넘치는 거인처럼 늘 주어진 임무를 완수했다.

그러나 이 배가 세상에 알려진 것은 한 평범한 변호사 때문이었다. 당시 중요한 소송을 맡았다가 패배한 그는 자신의 의뢰인이 재판에서 진 후 스스로 목숨을 끊어버리자 엄청난 죄책감으로 괴로워하고 있었다. 선박박물관을 찾아 상처투성이의 배 앞에서 상념에 젖어 있던 변호사에게 문득 좋은 생각이 떠올랐다. 실패하고 절망한 사람들에게 이 배를 보여주면 어떨지 말이다.

변호사는 이 배가 겪었던 수많은 이야기와 귀중한 사진 자료를 정리해서 사무실에 걸어두었다. 그리고 사무실을 찾는 의뢰인들이 재판 결과에 상관없이 선박박물관을 찾아가 그 배를 보도록 했다.

그렇게 배를 보러 오는 사람은 갈수록 늘어났고 2013년까지 전 세계 2,000만 명이 넘는 사람들이 대서양을 누빈 거대한 배를 관람했다. 그중에는 사업에 실패한 비즈니스맨과 사랑하는 사람을 잃은 사람, 사랑에 실패한 젊은이, 여러 시험에서 낙방한 학생도 있었다. 배를 본 사람들은 수없는 상처를 입고도 거센 파도를 헤치며 끝까지 대서양을 건넌 불굴의 정신에 감동했고, 자신도 이 배처럼 인생의 파도와 맞서리라는 자신감을 얻었다.

관람객들이 박물관에 남긴 방명록은 이미 300권 분량이 되었는데, 그중 가장 많은 쓰인 문장은 바로 이것이다.

'인생이라는 바다에 온전한 배는 없다.'

세상은 바다와 같고 우리의 삶은 항해와 같다. 인생이라는 바다 위에서 우리는 늘 거친 파도와 싸워야 한다. 이때 자신감은 끊임없이 맞설 힘의 원천이 된다.

누구나 순조로운 인생을 살고 싶어 한다. 그러나 무정한 바다와 불공평한 운명은 수시로 우리의 바람을 꺾어버린다. 누구도 인생의 파도를 피해 갈 수는 없다. 다만 맞설 뿐이다.

인생이 상처로 가득하다고 해도 당당하게 미소 지을 수 있을까? 물론이다. 자신감이 있는 한, 우리는 해낼 수 있다.

실패를 통해 자신감을 얻는 법

'이 세상에 진정한 어려움은 없다. 다만 어려움에 맞설 자신감이 부족한 것일 뿐.'

이는 하버드의 유명한 명언이다.

나는 하버드생들이 그토록 대단한 성공을 거둘 수 있었던 것은 강한 자신감 때문이라고 생각한다.

자신감은 갖가지 어려움에 맞서도록 적극적이면서도 능동적인 인간으로 만들어준다. 이렇게 단련된 사람들은 인생의 바다에서 좌절을 겪을수록 점점 더 용감해진다.

반면 어려움을 만났을 때 불평과 원망만 늘어놓으며 자포자기하는 사람은 아무것도 이루지 못한 채 투덜대기만 한 채로 인생을 마감한다.

자신감이 있는 사람은 어려움도 잘 극복한다. 포기하지 않고 꾸준히 노력해야 한다는 사실을 알기에 좀 더 수월하게 성공에 이른다.

바다를 건너는 것이 목표라면 거센 파도 앞에서 멈추지 마라. 더욱 먼 곳으로 가고 싶다면 고난 앞에서 신념이 흩어지도록 놔두지 마라. 저 높이 날아오르고 싶다면 날개를 활짝 펴고 바람을 거슬러라. 이것이 하버드식 성공 비결이다.

실패하라, 다만 두려워하지 마라

자신감의 비결 중 하나는 실패를 두려워하지 않는 것이다.
끊임없이 넘어지고 일어서다 보면 더 높은 곳에 올라
더 멀리 바라볼 수 있다.

학창 시절, 학교에서 열린 장거리 달리기 대회에 수십 명의 학생이 참가했다. 하나같이 자기 반에서 가장 실력 있는 이들이었지만 3등까지만 상을 받기 때문에 경쟁이 치열했다.

그런데 우승 후보로 기대를 모으던 남학생 하나가 한 발짝 차이로 4등을 차지하자 응원하던 친구들이 야유를 보내기 시작했다.

"멍청하긴 조금만 빨리 뛰었으면 되었잖아? 상도 못 받는데 4등이나 꼴등이나 다를 게 뭐야?"

하지만 그 남학생은 전혀 개의치 않고 오히려 자신만만한 얼굴로 대꾸했다.

"상 타지 못한 사람 중에서는 내가 1등이잖아!"

경쟁에서 등수나 상보다 더욱 중요한 것은 바로 강인한 의지다. 실제로 4등을 한 그 남학생은 나중에 그를 야유했던 다른 친구들에 비해 비교도 못 할 만큼 더 크게 성공하고 여봐란듯이 행복하게 살았다.

자신감을 기르는 비결 중 하나는 실패를 두려워하지 않는 것이다. 넘어지고 일어서기를 반복하다 보면 어느덧 더욱 높이 서서 멀리 바라볼 수 있게 된다. 흔들리지 않는 의지와 성공에 대한 열정은 실제 성공에 이르기 위한 절대 법칙이다.

하버드의 한 심리학 교수는 말했다.

"많은 사람이 성공하지 못하는 이유는 결심과 신념이 부족하여 결국 성공의 가장 기본 요소인 자신감을 잃기 때문입니다."

주위를 둘러보면 일찍부터 뛰어난 지능과 탁월한 지혜 등으로 성공할 능력을 충분히 갖춘 사람을 많이 볼 수 있다. 하지만 정작 이 중 성공한 사람은 많지 않다. 자신감이 부족하거나 신념과 의지가 약하다면 타고난 능력을 짓밟고 자신이 가진 재능을 펼치지 못하기 때문이다.

`4:30 A.M.`　신념에 관해 이야기할 때 빼놓을 수 없는 사람이 있다. 바로 헬렌 켈러Helen Keller다. 20세기 미국에서 가장 유명한 연설가이자 여류작가였던 그녀는 눈과 귀가 멀고, 말도 할 수 없는 장애가 있었음에도 하버드에 입학하여 맹인으로는 세계 최초로 대학을 마친 사람이 되었다.

헬렌 켈러는 1882년, 갓 한 살이 되었을 무렵 고열과 뇌막염을 앓고 나서 앞을 보지도, 소리를 듣지도 못하게 되었다. 결국, 말하는 능력까지 서서히 잃고 말았다. 그렇게 헬렌은 빛과 소리가 없는 어두운 세계 속에 갇힌 채 성장했다.

일곱 살 되던 해, 그녀는 설리번이라는 가정교사를 만나면서 삶이 완전히 달라졌다. 어렸을 때 시력을 잃을 뻔했던 설리번 선생은 어린 헬렌을 가엾게 여기고서 온 마음과 정성을 다해 가르치기 시작했다.

설리번 선생의 인내심 어린 지도를 받으며 헬렌은 놀랍게도 손의 감각으로 수화를 배워갔고, 자책까지 읽을 수 있었다. 나중에는 손으로 타인의 입술을 만져서 그 사람이 무슨 얘기를 하는지까지도 알게 되었다.

설리번 선생님의 교육 방식은 매우 독특했다. 그녀는 어린 헬렌이 자연에 친숙해지도록 함께 푸른 초원 위에 누워 풀밭의 향기를 맡았다. 또 물이 무엇인지 알려주기 위해서 직접 수도꼭지에서 쏟아지는 물을 헬렌이 만져보게끔 하고, 함께 강변에서 물놀이하기도 했다. 설리번 선생의 열정적인 가르침 덕분에 장애를 하나씩 극복한 헬렌 켈러는 조금씩 자신감이 생겼고, 결국 세계 최고의 명문인 하버드의 문턱을 넘었다.

1936년, 50년 가까운 세월을 헬렌과 함께 살아온 설리번 선생이 세상을 떠났다. 헬렌 켈러는 자신에게 빛과 희망을 가져다준 은인인 스승의 죽음을 몹시 슬퍼했다.

이때부터 헬렌은 자신이 설리번 선생으로부터 받아온 사랑을 전 세계의 장애인들에게 나누어주기로 결심했다. 그녀는 그들에게 희망을 줄 책을 꾸준히 집필하여 냈다. 그 덕분에 그녀의 삶이 여러 차례 영화로 만들어지기도 했다. 〈타임〉지는 그녀를 '10대 인물' 중 한 명으로 꼽아 다루었다. 그렇게 이슈의 중심 인물이 된 그녀는 마침내 대통령 자유훈장까지 받았다.

한평생 빛과 소리가 없는 세상에서 살았지만, 헬렌 켈러는 자신감과 강한 의지로 자기 삶은 물론 타인의 삶에도 빛과 희망을 주었다.

러시아의 대문호 표도르 도스토옙스키Fyodor Mikhailovich Dostoevskii는 말했다.

"강인한 의지만 있다면 인내와 재치, 지식은 자연스럽게 생겨난다."

자신감이 부족하여 자신의 의지마저도 제대로 제어할 수 없는 사람이 과연 목표를 향해 꾸준히 노력하고 나아갈 수 있을까? 또 완전히 새로운 것을 제안하거나 창조하고, 새로운 문화를 이뤄낼 수 있을까?

많은 학생이 열심히 공부하고, 많은 직장인이 자기 일에 최선을 다한다. 하지만 어느 순간에 자신감과 의지가 부족해지면 중간에 멈칫하거나 포기하거나 그냥 의미 없이 관성적으로 하루를 보내버리는 경우가 많다. 그들은 자신이 지닌 재능과 장점을 스스로 인정하지 못한 셈이다. 자기 능력을 인정하는 사람이라면 이를 마음껏 발휘하기 위해서 애쓸 것이다. 하지만 그렇지 못한 사람은 어려움이 닥칠 때 하는 것이라고는 낙담과 불만을 쏟아낼 뿐일 것이다. 그런 이들에게 주어진 능력이 무슨 소용이 있겠는가?

어려움과 좌절은 누구나 겪는다. 그렇기에 성공의 핵심은 오직 꺾이지 않는 강한 의지뿐이다.

강한 의지를 기르는 습관

하버드 출신의 EQ 교육 전문가는 이런 말을 했다.

"사람의 의지는 크게 네 가지 요소로 이루어집니다. 바로 신념, 믿음, 꾸준함, 인내심이죠."

과연 강한 의지를 기르려면 어떻게 해야 할까?

1. 자기암시를 통해 의지를 기른다. 개인의 성공은 성공에 대한 자기암시에서 비롯되는 경우가 많다. 즉, 내가 성공할 수 있다고 믿어야 성공할 수 있다.

2. 끊임없이 자신을 칭찬하고 격려하며 잠재력을 이끌어낸다. 의지가 약하면 아주 작은 일에도 금방 실망하고 풀이 죽기 일 쑤다. 이때 스스로 격려하면서 의지를 기를 수 있도록 바탕을 다진다.

3. 자기 자신과 대화하고 소통하는 법을 배운다. 이것은 일종의 자기반성 능력이기도 하다. 평소 자신을 자주 돌아보고 단점

을 찾아내어 고친다면 더욱 탄탄한 의지력을 얻을 수 있다.

4. 늘 적극적이고 진취적인 자세를 갖는다면 의지는 더욱 완벽해진다. 적극적인 마음가짐을 잃지 않는 사람은 능력을 길러 성공할 수 있다.

CHAPTER 3

열정은
우리를 뛰게 한다

열정 없는 사람이 발전할 수 있을까?

뜨거운 열정은 삶을 화려하게 꽃피우고
세상까지 변화시킨다.

하버드 의학박사이자 작가인 오리슨 마든Orison Marden 교수
는 말했다.

"무슨 일을 하든지 열정은 꼭 필요한 자질이다. 열정이 있어
야 몸과 마음을 다하여 일을 더욱 빠르고 잘해낼 수 있기 때문
이다. 성공한 사람들은 공통적으로 열정을 갖고 있다."

다들 열정의 강점에 대해 말할 때 엄지를 척 들어 올린다.

'대체 열정이라는 게 무엇인가?'

이런 질문을 받는다면 대부분의 사람은 열정이란 '특정한 일
이나 꿈에 대한 열망 또는 대가를 바라지 않는 노력'이라고 답할
것이다. 물론 나쁘지 않은 답변이긴 하지만, 어딘가 부족한 느낌
이 든다.

나는 열정에 대해 이야기할 때마다 기린의 진화를 비유로 든
다. 기린의 목이 그토록 길게 진화한 이유가 무엇일까?

지금부터 우리가 기린이 되었다고 상상해보자. 우리는 다른

기린들처럼 메마른 초원을 돌아다니며 먹을 것을 찾고 있다. 한참을 걷다 보니 나뭇가지에 먹음직스러운 잎사귀들이 보이는데, 잎사귀들이 너무 높은 곳에 달렸다.

이제 어떻게 해야 할까? 그렇다. 우리는 최대한 목을 길게 늘이고 앞발을 들어가며 나뭇잎을 먹어야 한다. 기린은 이렇게 생존을 위해 끈질기게 노력했고, 그 결과 조금씩 목이 길어지게 되었다. 이것이 바로 기린의 열정이다.

열정은 우리에게 생존의 가능성을 가져다줄 뿐만 아니라 위대한 기적까지 만들어낸다. 하버드생들도 뜨거운 열정을 갖고 있다. 열정이 없다면 발전도 없다는 사실을 알기 때문이다.

`4:30 A.M.` 이것은 한 하버드생의 일화다. 그는 처음 하버드에 입학원서를 냈을 때, 전공과목의 점수가 5점 부족해서 떨어지고 말았다.

가족과 친구들 모두 아쉬워하며 이런저런 생각들을 내놓았다. 어떤 사람은 심지어 지도교수에게 가보라고도 했지만, 학생은 단호히 고개를 저었다.

"하버드를 향한 열정이 있는 한, 문은 반드시 열릴 거야."

그는 재수를 포기하고 어느 과학기술연구소에 취직했다. 연구소 사람들 중 학력이 가장 낮았기 때문에 자료 정리 등의 잡무만 해야 했지만, 뜨거운 열정으로 주어진 모든 일에 최선을 다했다.

그렇게 2년 후, 그는 기적을 일궈냈다. 연구소에 취직한 지 불과 1년도 채 되지 않아 신제품 개발에 성공하고 연구소를 대표해

뉴욕에서 열린 제품설명회에 참가한 것이다. 그처럼 '학력이 낮은' 사람에게는 그야말로 기적 같은 일이었다.

2년 후, 경력을 쌓은 그는 연구소를 그만두고 다시 한번 하버드에 도전했다. 결국 그는 특기생으로 입학하는 행운을 거머쥐었다. 그의 오랜 꿈이 이루어지는 순간이었다.

이 학생이 이뤄낸 열정이야말로 바로 기적이다. 그는 열정을 가지고 자신에게 주어진 일에 열심히 임한 결과, 훌륭한 결실을 얻었고 끝내 하버드라는 자신의 오랜 꿈까지 이뤄냈다.

열정은 학교와 사회의 구석구석에 존재한다. 뜨거운 열정으로 공부하고 일한다면 그 열정이 당신의 삶을 화려하게 꽃피우고, 나아가 세상까지 변화시킬 것이다. 지금 당장은 보잘것없는 잡무일지라도 말이다.

성공한 사람들에게는 공통된 특징이 있다. 그들에게는 넘치는 열정이 있다. 그들은 주어진 일이 무엇이든 열정으로 최선을 다한다.

열정 없는 삶은 바람 부는 대로 이리저리 흔들리며 살아가는 허수아비 인생에 지나지 않는다. 그러니 열정을 품어라. 열정을 품은 사람은 봄비에 흠뻑 젖은 나무처럼 배움 속에서 성장하고, 언젠가는 세상을 지탱할 기둥으로 자라날 것이다.

운명도 거스르게 하는 것

좋아하는 일을 하면서 늘 배움의 열정을 간직하라.
그것이 운명을 바꿀 유일한 길이다.

툴리오라는 미국의 유명한 자연과학자가 자신의 저서에서 이런 말을 했다.

'열정을 잃어버린 사람은 실제 나이보다 훨씬 늙어 보인다. 마치 신체적, 정신적으로 올바른 상태가 아닌 것 같다.'

실제로 삶에 열정이 가득한 사람은 대부분 긍정적이고 적극적이며 유능한 경우가 많다. 그들은 항상 긍정적인 마음과 넘치는 에너지로 충만하며 늘 새로운 지식에 목말라한다. 또한 뚜렷한 목표를 가지고 자신의 사명을 끈질기게 이어가며 배움을 위해 최대한의 노력을 기울인다.

이렇게 열정적인 사람들이 당연히 학교에서는 뛰어난 학생이 되고 사회에서는 성공한 인물이 된다.

4:30 A.M. 한 하버드 심리학 교수가 학생 1,500명을 대상으로 이런 설문조사를 했다.

102

'당신의 전공을 선택한 이유는 무엇입니까? 그저 좋아하기 때문입니까, 아니면 졸업 후 더 많은 돈을 벌 수 있기 때문입니까?'

당시 설문에 응한 학생들 중 245명은 좋아하기 때문이라고 답했고, 1,255명이 돈을 벌기 위해서라고 말했다. 이 연구는 10년 후, 서로 다르게 응답한 학생들이 어떻게 살아가고 있는가를 알아보기 위한 것이었다.

10년 뒤 결과는 어땠을까? 그때 돈을 위해 공부하고 일한 1,255명 중 정말로 부자가 된 사람은 고작 1명에 불과했다. 반면, 공부와 일을 좋아한다고 답한 245명 중에서는 무려 116명이 평균보다 부자로 살고 있었다.

놀라운 결과 아닌가? 많은 사람이 나중에 더 많은 돈을 벌기 위해 공부한다고 생각할 테지만 하버드에서 시행한 연구의 결론은 전혀 달랐다.

이 연구에 따르면 운명을 바꾸고 부자가 될 유일한 길은 바로 자신의 일을 사랑하고 언제까지나 배움에 대한 열정을 간직하는 것이었다. 자신이 좋아하는 일을 열심히 하면서 성공까지 할 수 있다니. 이 길을 왜 마다하겠는가?

그러니 언제나 열정을 잃지 말아야 한다. 지금은 그 열정의 대상이 공부 혹은 업무일 것이고, 나중에는 자신의 커리어나 사업이 될 것이다. 진정한 열정을 가지고 공부와 일을 사랑해야만 그 과정에서 더욱 큰 기쁨을 얻고, 공부와 일을 즐길 수 있다.

어느 주말, 나폴레온 힐이 일에 몰두해 있을 때였다. 갑자기 한 젊은 판매원이 들어와 잡지 한 권을 내밀었다. 힐이 바라본 그 젊은이의 얼굴에는 긴장이 가득하고 잔뜩 피곤한 표정이었다.

"저, 선생님, 잡지 하나 구독하겠어요?"

시급하게 일을 처리하는 중이던 힐은 웬 젊은이가 난데없이 들어와 자신을 방해하자 무척 화가 났다. 게다가 오만상을 찌푸린 젊은이의 얼굴은 보기에도 그리 유쾌하지 않았다. 힐은 그 판매원에게 불쾌한 표정을 지으며 사무실에서 나가달라고 말했다.

며칠 후, 이번에는 젊은 여성 판매원이 힐의 사무실을 찾아왔다. 전에 왔던 젊은이와 달리 그녀의 얼굴은 뭔지 모를 에너지로 가득했다. 그녀는 힐의 사무실에 놓인 여러 권의 잡지를 자세히 살펴보더니 미소를 지으며 말했다.

"어머나, 선생님께서는 집필로 바쁘실 텐데도 시간을 내서 잡지를 보시는군요. 덕분에 저도 긴장이 좀 풀리는데요."

열정으로 가득한 그녀의 말은 힐의 마음을 사로잡았다.

사무실을 나서는 그녀의 손에는 당연히 힐의 주문서가 들려 있었다. 또한 힐과 함께 일하는 다섯 명의 부하직원들까지 덩달아 잡지를 주문했으니, 그야말로 크게 한 건 한 셈이었다.

젊은 시절에는 누구나 공부를 통해 경험을 쌓아야 한다. 그러나 공부에 대한 열정이 부족하다면 공부는 그저 딱딱하고 지루한 일에 불과할 것이다.

진정한 열정은 마음속에서 우러나오는 즐거움이어야 한다. 열정은 무궁무진한 가능성을 끌어내는데, 먼저 우리 안에 숨어 있는 잠재력을 자극하고 나아가 주위 사람들에게 영향을 미친다.

하버드의 한 심리학자는 말했다.

"열정은 우리 안의 잠재력을 최대한 발휘하게 한다. 우리는 이 잠재력을 통해 엄청난 성공을 얻을 수 있다."

공부에 대한 열정 기르기

혹시, 성적이 그저 그렇다고 너무 걱정할 필요는 없다. 진짜 문제는 공부에 대한 열정을 잃는 것이다. 열정이 없는 사람은 공부의 즐거움을 느끼지 못하고 그저 기계적으로 반복하기만 할 테니까 말이다.

과연 어떻게 공부에 대한 열정을 기를 수 있을까?

1. 날마다 자신에게 충분한 열정을 불어넣자. 주변 사람들에게 뿐만 아니라 일상의 구석구석을 열정으로 채워보자. 항상 미소를 짓도록 노력하는 것이 가장 좋은 방법이다.
2. 좋은 소식만 전하도록 해보자. 바라던 성적이 나오면 주위 사람들에게 알리면서 당신의 발전을 보여주자. 또 주위 친구들의 성적이 올랐을 때도 함께 축하하고 격려해주자.
3. 무엇을 공부하고 있는지 확실히 이해하자. 학생 대부분은 주입식 교육 때문에 자신이 무엇을 배우고 있는지 잘 알지 못한

다. 공부하는 내용과 공부 방법을 이해하는 데 더 좋은 방법
을 찾아보자.

뛰어난 자가 아닌 열정을 가진 자

열정은 마음에서 나오는 힘이다.
열정은 자신감을 주고 더 열심히 일하게 한다.

오래전, 친척네를 갔다가 할머니 한 분을 알게 되었다. 그때 할머니는 일흔한 살의 나이에도 그림을 배우고 계셨다. 그 나이에 그림을 배운다니, 나는 선뜻 믿기지 않았다. 그 연세라면 눈도 어두워지고 붓을 똑바로 쥐기도 쉽지 않을 텐데, 어떻게 그림을 배운다는 걸까?

그러나 할머니는 자신감 넘치는 얼굴로 가족들의 반대를 무릅쓰고 자신이 좋아하는 일에 대단한 열정을 쏟아붓고 있었다. 아무도 할머니가 화가로 성공할 거라 생각하지 않았지만, 막상 결과가 나오자 모두 놀랄 수밖에 없었다.

몇 년간 열심히 그림에 정진한 할머니가 제법 입지를 다진 것이다. 또 얼마 전에는 전시회를 열고 계신다는 소식도 들려왔다. 팔순에 이른 노인이 개인전을 열었다니, 그야말로 기적 같은 일이었다. 할머니의 예술에 대한 열정은 비록 세계를 정복하지는 못했지만, 주위의 사람들에게 커다란 놀라움과 감명을 주었다.

하버드의 심리학 박사 웨샤오둥岳曉东은 학습과 일에 대한 열정이 자신감을 키운다고 말한다. 열정이 부족하면 아무리 열심히 공부하고 일한다 해도 코앞에 닥친 일만 겨우 끝낼 수 있을 뿐, 더욱 높은 경지에는 이르지 못하게 된다. 스위스의 시계는 매우 정확한 것으로 유명하다. 혹시 이 사실을 알고 있는가? 스위스 시계 장인도 기분이 좋지 않을 때는 정확한 시계를 만들기가 어렵지만, 즐겁게 일할 때 만든 시계는 늘 1초의 오차도 없이 완벽하다는 사실을 말이다.

또 고고학자들 중에는 이집트 피라미드가 노예들이 만든 것이 아니라고 주장하는 이들이 있다. 완벽하고도 아름답게 세워진 피라미드를 불행한 노예들이 만들었을 리 없다는 것이다.

피라미드가 정말 노예가 만들었든, 그렇지 않았든 어쨌거나 열정은 마음에서 나오는 힘이다. 열정은 우리에게 자신감을 불어넣고 더욱 열심히 공부하고 일하게 만들어 결국 성공을 끌어낸다.

4:30 A.M. 심리학 강의 시간에 교수가 학생 한 명을 강단으로 불러 직접 작성한 연구보고서를 발표하도록 했다. 그런데 평소 그 학생을 탐탁지 않게 생각하던 학우들이 차가운 눈으로 바라보자, 그는 몹시 동요한 나머지 우물쭈물하다가 결국 발표를 망치고 말았다. 교수는 그를 다독이며 말했다.

"자네는 자신감과 열정이 조금 부족하군. 이 둘은 자네가 더 나은 삶을 살도록 하는 열쇠란 걸 잊지 말게나."

강의가 끝난 후, 교수는 그와 친한 친구들만 남게 했다.

"자, 이제 우리가 자네의 청중이네."

교수는 미소를 지으며 그에게 말했다.

"이제 자네가 준비한 연구보고서를 한 번 더 들려주게!"

이번에는 친구들의 따뜻한 격려가 힘이 돼주었기에 그는 신명나게 발표했다. 자기 자신조차 믿지 못할 정도로 멋진 발표였다.

교수가 말했다.

"이번에는 왜 성공할 수 있었는지 알겠나?"

"잘 모르겠습니다."

"친구들의 열정이 자네에게 자신감과 힘을 주었기 때문이지!"

사람이 열등감을 느끼는 것은 매우 자연스러운 현상이다. 열등감은 자기 능력을 실제보다 낮게 평가하도록 만들고, 자신감과 열정을 잃게 한다.

공부와 삶에 충분한 열정을 쏟아라. 자신감 있게 성공을 좇고 세상을 바꾸라. 이것이야말로 우리가 진정으로 가져야 할 마음가짐이다.

열정을 습관화하면 인생이 신난다

우리가 열정적으로 인생을 대하면,
인생도 열정을 갖고 우리를 대할 것이다.

뭐든지 뛰어난 사람들은 자기 일에 대단한 열정을 가지고 있다. 그들은 깊이 사고하는 데 익숙하며 매사에 적극적이고 긍정적이다. 이런 삶의 태도를 지녔으니 당연히 따르는 사람이 많고, 여봐란듯이 성공을 거둔다. 그들은 한마디로 이미 열정이 습관화된 사람들이다.

그렇다면 실패한 사람들은 어떨까? 학교와 사회에서 실패한 사람들은 열정도 없을뿐더러 실패와 두려움, 걱정의 그림자 속에서 하루하루를 살아간다.

하버드생들은 언제나 뜨거운 열정과 활기찬 에너지로 생활한다. 내가 남을 나쁘게 대하면 남도 나를 똑같이 대하듯, 내가 삶을 대하는 태도와 삶이 나를 대하는 태도는 같을 수밖에 없다. 매일의 삶을 열정으로 임한다면 삶도 열정으로 길을 열어줄 것이다. 하버드생들은 이러한 사실을 잘 알고 있다.

열정은 삶에 대한 긍정적인 태도이자 운명을 바꿀 아주 특별한 요소다. 나폴레온 힐은 말했다.

"운명이 주는 상을 받고 싶다면 가슴속의 꿈을 열정으로 바꾸고 이 열정을 위해 일할 각오를 해야 한다. 위대한 선구자들이 모두 그랬듯 말이다. 그래야만 당신에게 주어진 재능이 완전히 발휘될 것이다."

`4:30 R.M.` 에릭은 하버드 출신의 인재다. 그는 졸업 후 자신의 전공을 살려 은행에서 금융 컨설턴트로 일했다. 그는 함께 하버드를 졸업한 친구들보다 낮은 연봉을 받았지만, 자신의 일에 불타는 열정을 갖고 있었기에 그런 것은 아무래도 상관없었다. 자신이 좋아하는 일을 매일 할 수 있는 인생이야말로 가장 신난다고 생각했기 때문이다. 에릭의 열정적인 태도는 업무에서도 두각을 드러냈다. 그가 관리를 맡으면서 은행의 영업이익이 두 배로 늘어난 것이다.

2008년, 금융위기가 닥치면서 에릭은 새로운 직장을 찾아야 했다. 다행히 하버드 졸업생이라는 후광에 힘입어 금방 새 일자리를 찾을 수 있었다. 이번에는 한 주식회사의 경영 컨설턴트였는데, 전 직장보다 두 배 많은 연봉을 받게 되었다.

그러나 에릭은 새로운 일을 좋아하지 않았다. 매일 각종 회의에, 미팅에 치이면서 머리가 터질 지경이었다. 은행에서 일할 때 늘 엄청난 에너지를 쏟던 그는 새 직장에서 좀처럼 능력을 발휘하지 못했다. 에릭은 부진으로 결국 해고 대상 1순위가 되었다.

우리는 에릭의 사례를 통해 열정이 성공하는 데 굉장히 중요하다는 사실을 알 수 있다. 열정은 실패를 딛고 일어설 힘이 되어주기도 한다. 그럼에도 실제로 많은 이가 공부나 일, 삶에 대한 열정이 안타까울 정도로 약하다. 대체로 이런 패턴이다.

매일 아침 눈을 뜨면 학교에 갈 생각만 해도 짜증이 난다. 겨우 일어나 억지로 학교에 가서도 좀처럼 기분은 나아지지 않는다. 어떤 강의 시간에는 꾸벅꾸벅 졸기까지 한다. 겨우 수업을 견뎌내고 집에 갈 시간이 되면 또 언제 그랬냐는 듯 정신이 말짱해지고 기운이 넘친다. 친구들과 맥주 한잔할지 영화 관람을 할지 고민한다.

이린 태도로 공부하고 생활한다면 결과가 어떻겠는가? 당연히 열정이 습관화되지 않은 사람에게 성공은 요원할 수밖에 없다.

배움에 열정을 가져야 하는 이유

하버드대 마이클 센델 교수는 중국을 방문했을 때 공부에 대한 중국 청년들의 열정을 연구한 바 있다.

학습은 지식과 경험을 쌓는 유일한 길이다. 우리는 배움을 통해 더욱 강해지는 것이니 상식적으로 공부는 매우 즐거운 일이어야 옳다. 그런데 어째서 많은 학생이 공부를 괴로운 것으로 여기는 것일까?

센델 교수는 공부가 힘든 원인이 공부 자체에 있는 것이 아니라고 날카롭게 꼬집었다. 그는 공부에 임하는 사람의 태도에 문제가 있다고 했다. 공부에 열정이 없는 사람에게는 아무리 재미있는 공부도 그저 지루할 뿐이기 때문이다. 그러므로 이 시기의 사람들에게 가장 필요한 것은 열정을 습관화하는 일이다.

한 가지 일에 열정을 집중하라

한 가지 일에 집중하라. 여기저기 기웃거리는 것은
아무것도 안 하느니만 못하다.

영국의 과학 학술지 〈네이처〉에서 매우 흥미로운 글을 읽었다. 한 저명한 생물학자가 숲속에서 연구하던 중 우연히 새와 뱀의 결투를 촬영한 이야기였다.

`4:30 A.M.` 참새만 한 크기의 작은 새가 풀밭에서 먹이를 찾고 있을 때였다. 갑자기 수풀 속에서 뱀이 나타나더니 새를 한입에 집어삼킬 듯 덤벼들었다.

위험을 느낀 새는 재빨리 움직였지만 멀리 날아가지 않고 뱀의 머리를 사정없이 쪼기 시작했다. 워낙 작은 새였기 때문에 뱀이 치명상을 입을 정도는 아니었고, 공격받은 뱀도 슬슬 반격하기 시작했다.

새는 뱀의 공격을 피하면서 계속 부리로 뱀의 머리를 쪼았는데, 처음부터 끝까지 같은 부위만 공격했다. 그렇게 줄기차게 쪼아댄 결과, 뱀은 결국 수풀 속으로 사라져 두 번 다시 나타나지 않았다.

힘으로도 덩치로도 한참 밀리는 작은 새가 어떻게 무시무시한 뱀을 물리칠 수 있었을까? 그것은 새의 공격법이 효과적이었기 때문이다. 새는 뱀의 머리 중에서도 한 군데를 골라 모든 힘을 그곳에 집중해서 끊임없이 쪼아댔다. 그로써 목숨을 구할 수 있었다.

주변에 보면 무척 바쁘게 살아가는 사람이 있다. 하루에 세 시간도 자지 못하면서 할 일이 너무나 많아서 늘 바쁘다고 하는 것이다. 그 일이 무엇인가 살펴보았더니, 아침에는 외국어 공부를 하고 수영을 한 다음 회사에 출근하여 업무를 시작한다. 퇴근 후에는 그림을 배우고 그런 다음에는 생맥주 만드는 법을 배운다고 한다. 또 일주일에 한 번씩 연극 무대에 서기 위해서 연극 동아리에 나간다. 물론 겉보기에는 아주 멋진 사람일지 모르지만, 그는 결국 아무것도 제대로 이뤄내지 못한 사람이 되었다. 이러한 사람들처럼 그토록 열심히 살아가는데 실패하는 이유가 뭘까?

자신의 모든 열정을 한군데에 집중하여 쏟지 않았기 때문이다. 성공한 사람들은 자신의 한정된 능력을 하나의 목표에 온전히 쏟아낸다.

우리 삶은 장거리 여행과 같다. 출발을 앞두고 훌륭한 외투나 멋진 차, 좋은 음식을 준비할 필요는 없다. 포기하지 않는 뜨거운 열정 하나만 있으면 충분하다. 당신의 열정이 하나의 일에 집중될 때 그리고 끊임없이 노력하고 목표를 이루어 나갈 때, 당신의 삶은 환하게 빛날 것이다.

4:30 P.M. 하버드 공개 강의에서 한 학생이 풀죽은 목소리로 교수에게 물었다.

"공부를 열심히 하는데도 어째서 성적은 잘 오르지 않는 걸까요?"

교수는 안타까운 얼굴로 대답했다.

"나도 평소 자네가 열심히 한다는 것을 알고 있네."

"그러니까 말입니다."

그 학생이 말을 이었다.

"저는 문학을 좋아해서 문예이론을 열심히 공부했습니다. 과학도 좋아해서 자주 실험실로 가서 이런저런 연구도 하고요. 또 금융에도 관심이 많아 금융 방면의 지식도 꽤 깊죠. 게다가 제가 심리학도 좋아하거든요. 그래서 교수님의 수업도 빠지지 않고 듣고 있고요."

그 말을 들은 교수가 갑자기 웃기 시작하더니, 학생의 어깨를 두드리며 말했다.

"그게 바로 성적이 오르지 않는 이유로구먼! 그 모든 열정을 하나의 일에 집중했다면 지금쯤 한 분야에서 대단한 인재가 되었을 텐데 말이야."

그제야 깨달음을 얻은 학생은 고개를 끄덕이며 깊은 생각에 빠졌다.

117

성공은 얼마만큼 많은 일을 하느냐에 달린 것이 아니라, 얼마만큼 집중해서 일을 하느냐에 달렸다. 많은 사람이 실패하는 이유는 능력이나 시간이 부족해서가 아니라 자신의 열정을 쏟아낼 하나의 뚜렷한 목표가 없기 때문이다. 큰 성공을 거둘 수 있을 정도의 힘과 시간을 쏟았지만, 에너지가 이곳저곳에 분산되고 목표가 계속 바뀌어 결국 아무것도 이루지 못한 것이다. 우리 주위에도 이러한 사람이 너무 많다. 인생을 살아가는 당신과 나, 우리 모두가 이런 실수를 하고 있지는 않은가? 때로 우리는 우리에게 주어진 에너지와 시간이 한정돼 있다는 사실을 잊고 살아간다. 인생이야말로 한계가 있는 자원을 가지고 가장 효과적으로 쓸 수 있는 방법을 찾아가는 궁극의 대상일지 모른다.

레오나르도 다 빈치의 달걀

레오나르도 다 빈치Leonardo da Vinci가 달걀을 수없이 많이 그렸다는 사실을 알고 있는가? 달걀처럼 보잘것없는 것을 수없이 그린 덕분에 그는 위대한 화가가 될 수 있었다. 그가 그린 달걀들은 곧 그의 열정과 집중력을 보여준다.

사람들은 성공한 이들이 누리는 꽃다발과 박수갈채, 경제적 혜택만 바라볼 뿐 이들이 그것을 얻기 위해 얼마나 노력하고 인내했는지는 쉬이 간과한다. 그들이 성공할 수 있던 이유는 열정을 한군데에 집중할 줄 알았기 때문이다. 이와 관련하여 하버드에서는 이렇게 말한다.

"당신의 에너지와 열정을 한 지점에 집중시키면 씨앗이 싹터서 자라듯 하루하루 성장할 것이다. 이렇게 해야 공부하는 만큼 발전할 수 있으며, 세계를 이끄는 인재가 될 수 있다."

맹목적인 열정의 함정

맹목적인 열정은 성공에 도움 되지 않는다.
오히려 걸림돌이 될 수 있다.

지금까지 열정의 중요성에 대해 이야기했다. 학교와 사회에서 언제나 뜨거운 열정을 가지고 온 힘을 쏟되 한군데에 집중해야 한다는 내용이었다. 그렇다면 열정은 무조건 클수록 좋을까? 당연히 그렇지 않다. 물론 대단한 열정이 부족한 열정보다는 낫지만, 너무 맹목적일 때 그 위험성은 오히려 더 크다.

맹목적인 열정은 성공하는 데 도움 되지 않는다. 오히려 성공을 향한 발걸음에 걸림돌이 된다. 맹목적인 열정으로 달려들면 세심한 준비가 부족해지곤 한다. 왜냐하면 목표에 따른 과정에 대한 이해가 없기 때문이다. 따라서 이런 열정은 아무리 커도 현실적으로는 큰 성공을 이뤄내지 못한다. 이미 가야 할 곳과는 너무 먼 곳에 와 있을 가능성이 크기 때문이다.

열정을 성공의 에너지로 바꾸고 싶다면, 먼저 해야 할 일은 반드시 뚜렷한 목표를 세우는 것이다. 그리고 그 목표를 세운 뒤 어떤 일과 배움이 필요한지 명확한 과정을 계획해야 한다. 그다음 그 과정마다 열정을 쏟아야 한다.

세계 최고의 명문 하버드의 높은 문턱을 넘은 학생들은 누구나 100%의 열정을 가졌지만, 결코 맹목적이지는 않았다.

`4:30 A.M.` 하버드에서 박사학위를 딴 류밍주는 유명한 하워드휴스 의학연구소Howard Hughes Medical Institute에서 일하게 되었다. 사람들은 하버드라는 후광을 등에 업은 류밍주가 분명히 하버드 출신답게 냉철하고 차가운 분위기를 가졌을 것이라고 생각했다. 하지만 사람들은 실제로 그녀를 만나보고는 의아해했다. 그녀는 늘 웃는 얼굴을 하며 겸손하고 소박한 태도를 보였기 때문이다.

중국 출신의 평범한 가정에서 자란 이 소녀가 어떻게 세계 최고의 학문 전당에 들어갈 수 있었을까? 이는 전부 그녀의 맹목적이지 않은 열정 덕분이었다.

초등학교 4학년이 되었을 때 류밍주는 새로운 학교로 전학을 가게 되었다. 그런데 새로운 반 친구들은 이미 고급 영어를 배우고 있던 반면, 그녀는 이제 기초적인 영어를 배우는 수준이었다. 기본적인 알파벳도 겨우 아는 정도였던 것이다.

하지만 그녀는 배움에 대한 열정이 남달랐다. 그녀는 어려서부터 대학이라는 목표를 분명히 세웠다. 그래서 그녀는 이 꿈을 이루기 위해서 힘겹게 독학으로 같은 반 학생들의 영어 수준을 따라잡았다. 기말고사 영어 시험에서 그녀는 마침내 반에서 1등을 하여 선생님과 친구들을 깜짝 놀라게 했다.

반 친구들의 눈에 비친 류밍주는 책벌레였다. 공부에 대한 그녀의 열정은 뜨겁다 못해 광적일 정도였다. 이렇듯 그녀는 공부를 좋아했지만, 동시에 자신의 목표가 어디인지 분명히 알고 있었다. 이후 진득하게 꾸준히 노력한 결과 류밍주는 산둥대학 의과대학에 진학했고 다시 베이징대학 의과대학 석사를 거쳐 미국 위스콘신대학에서 박사과정을 밟았다. 그리고 결국 오랫동안 꿈꿔온 하버드 의대에서 박사후과정을 밟을 수 있었다.

사람들은 대부분 성공한 사람의 화려한 이력에 감탄할 뿐 그들이 실제로 성공하기 위해서 어떤 목표를 두고, 어떻게 노력해왔는지 그 열정의 방향에 관해서는 관심을 두지 않는다.

배움의 과정에서 열정이 부족하거나 혹은 너무 맹목적인 열정을 쏟을 수 있다. 이것은 사람들 사이에서 매우 보편적인 문제로, 둘 다 성공에는 도움 되지 않는다.

많은 학생이 열정적으로 공부하는데, 단순히 시험을 위한 목적으로 혹은 막연히 훗날 돈을 많이 벌기 위한 목적으로 공부하는 경우가 많다. 이런 태도로 공부하는 것은 바람직하지 않다. 물론 공부에는 열정이 필요하지만, 목표 없는 맹목적인 열정은 도움 되지 않는다는 사실을 명심하라.

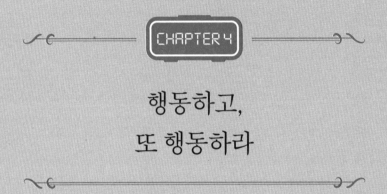

CHAPTER 4

행동하고,
또 행동하라

너무 늦어서 못할 일이란 없다

진정으로 그 일을 하고 싶다면
아직 늦지 않았다!

 한 철학자가 제자에게 물었다.

"세상에서 가장 긴 것이 무엇인지 아느냐?"

제자는 전혀 모르겠다는 얼굴로 고개를 저었다.

"그럼 세상에서 가장 짧은 것은 무엇이겠느냐?"

제자는 이번에도 대답하지 못했다. 철학자는 미소하며 입을 열었다.

"세상에서 가장 긴 것은 시간이고, 가장 짧은 것 또한 시간이지! 길다고 하면 시작도 끝도 없이 길지만, 짧다고 하면 눈 깜짝할 사이에 지나가버리니까 말이다."

가장 다루기 어려운 것은 역시 시간인 모양이다. 우리는 소리 없이 흐르는 시간 앞에서 어찌할 줄 몰라 하며 불안에 떤다. 시간은 지금도 여지없이 빠르게 지나가고 있다. 우리가 진정으로 소유할 수 있는 시간은 오직 지금 이 순간뿐이다.

너나없이 시간이 너무 빠르다며 한탄한다. 인생 최고의 시기는 이미 지나가버린 것 같다고 말이다. 아직도 해내지 못한 일이 너무나 많은데 시간은 자꾸 흐르고 나이만 먹는단다. 한편으로는 무슨 일을 해도 이미 늦은 것 같아서, 그래서 갈수록 마음이 편치 않다고도 한다. 나는 이런 사람들에게 늘 이렇게 충고한다. "시간이 없다고 혹은 너무 늦었다고 불평하지 마요. 당신이 불평하는 이 순간에도 시간은 흐르고 있으니까요."

사물의 본질은 우리가 상상하는 것과 매우 다른 경우가 많다. 그러므로 시간을 장애물로 생각하지 말자. 당신이 진정으로 무슨 일을 하고 싶다면 지금도 늦지 않았다!

다음은 하버드 건축대학원의 한 강의에서 교수가 학생들에게 들려준 이야기다.

`4:30 R.M.` 암만O. H. Ammann이라는 건축가가 있었다. 그는 반평생을 뉴욕 항만공사에서 근무했고, 은퇴할 나이가 되자 이 직장에서 나와야 했다. 그는 은퇴하고 나서도 역사에 남을 건축 작품을 만들어내고자 하는 꿈을 포기하지 않았다. 마침내 그는 스스로 건축 회사를 세우고 세계 각지에 멋진 건축물들을 짓기로 결심했다.

사실 늦은 나이에 하기에는 너무 힘든 프로젝트들일 수도 있을 것이었으나 암만은 마치 이제 갓 스무 살이 된 청년처럼 혈기 왕성하게 뛰어다녔다. 나이가 들었다는 생각 따위는 전혀 하지 않고서 말이다.

일단 목표를 세우고 실행 계획을 세운 그는 즉시 착수하여 세계 각지에 자신이 설계한 건축물들을 세우기 시작했다. 그러다 보니, 30년이 넘도록 예전 직장에서는 하지 못했던 대담하고도 창의적인 시도를 할 수 있었다. 그리고 건축사에 기적으로 불리는 작품들을 하나하나 완성해갔다.

워싱턴의 덜레스 공항과 에티오피아 수도 아디스아베바 공항, 피츠버그 중심가의 건축물과 이란의 고속도로에 이르기까지, 암만은 훌륭한 작품들을 실현해 나아갔다. 이 건축물들은 지금까지도 여러 대학의 건축학과에서 참고 교안으로 사용되고 있다.

암만은 86세 때 뉴욕 베라자노내로스교를 성공적으로 준공했다. 그의 생애 마지막 작품이 된 이 다리는 오늘날 가장 긴 유료 현수교로 알려져 있다.

위대한 건축가 암만에게 은퇴는 끝이 아니라 새로운 시작이었다. 그는 우리에게 말해준다. 자신감과 열정을 가지고 있을지라도 행동하지 않으면 아무 소용이 없다고. 자신감과 열정을 갖고 꾸준히 노력하며 행동한다면 그 어떤 일도 시작하기에 늦은 일이란 없다고.

오늘과 내일, 언제 눈물을 흘릴 것인가?

성공하기란 너무나 쉽다.
지금 당장 일어나 행동하면 된다.

누구나 성공을 꿈꾸고 남들보다 훨씬 큰 성과를 거두길 바란다. 그러나 어떻게 해야 가슴에 품은 그 꿈을 이룰 것인지는 잘 모르는 경우가 많다. 저명한 과학자인 셸리 버거Shelly Berger는 말한다.

"성공의 비결은 시작하는 것에 달렸다."

그의 말대로라면 성공하기란 무척 쉽다. 당장 일어나 행동하면 되기 때문이다. 그러나 많은 이가 성공을 이룬 멋진 삶을 갈망하면서도 그것을 현실화하는 일에는 어려워한다. 지금 당장 시작만 하면 되는데 말이다. 지금 바로 출발하면 아무리 먼 길이라도 갈 수 있다.

신체적, 정신적으로 인생 최고의 전성기인 10대 후반~20대 초반의 시절이 공부하기 가장 좋은 때이다. 비교적 적은 시간과 힘을 들여도 새로운 사물을 받아들이고 학습하는 데 큰 효과를 볼 수 있기 때문이다.

그럼에도 이 시기에 노력하지 않으면 인생 최고의 기회를 잃는 것과 같다. 행동하지 않으면 얻는 것도 없다는 사실을 반드시 기억해야 한다. 첫걸음을 딛지 않으면 절대 도착점까지 갈 수 없다.

성공하고 싶다면 안일함을 버려야 한다. 성공과 안일함은 공존할 수 없다. 오늘 노력하지 않으면 내일은 어둡고 비참한 시간이 될 것이다.

`4:30 P.M.` 하버드에서 4년을 보내고 졸업한 오브리는 한 글로벌 소프트웨어 회사에서 행정관리 업무를 맡게 되었다. 그러나 몇 년 지나지 않아 오브리가 다니던 회사는 한 독일 회사에 인수합병이 되었다.

회사의 새 주인이 된 회장이 직원들에게 말했다.

"다음 주에 직원들을 대상으로 독일어 시험을 시행합니다. 합격하지 못한 사람은 퇴사를 각오해야 할 것입니다."

그러자 퇴근 후 모든 직원이 부랴부랴 도서관으로 달려가 독일어 공부를 했지만, 대부분 너무 늦었다며 한숨을 쉬었다. 그런데 오브리는 뜻밖에도 도서관이 아닌, 집으로 갔다. 누가 보더라도 포기한 모양새였다.

그런데 신임 회장이 발표한 시험 결과는 전혀 뜻밖이었다. 모두가 포기했다고 생각한 오브리가 최고점을 받은 것이다. 사람들은 오브리가 대체 어떻게 독일어 시험을 통과할 수 있었는지 의아해했다.

알고 보니 오브리는 꾸준히 독일어 공부를 하고 있었다. 그녀는 입사했을 때부터 독일인들과 교류할 기회가 많을 것임을 예상했고, 당연히 독일어가 서투르면 업무에 지장이 있을 것이므로 독일어 공부를 해야 한다고 생각했다. 그녀는 업무시간과 먹고 자는 시간 외의 모든 시간을 독일어 공부에 투자했다. 그리고 마침내 기회가 왔을 때 그녀는 탁월한 실력을 압도적으로 드러냈다. 이는 시험 날짜가 코앞에 닥친 후에야 허겁지겁 도서관으로 달려간 다른 직원들과는 완전히 다른 모습이었다.

하버드생들은 게으름을 피우며 시간을 허투루 쓰지 않는다. 그들은 지금 잠자며 흘리는 침이 내일은 고통의 눈물이 되리라는 사실을 잘 알고 있기 때문이다. 세상은 칼날처럼 공평하다.

자신의 인생을 사랑하는가? 매 순간을 충실하고 값어치 있게 보내고 싶은가? 그렇다면 지금 당장 열심히 계획하고, 열심히 공부하고, 열심히 경험하라.

우리의 인생은 무수한 순간이 합류하며 흘러간다.

'젊어서 노력하지 않으면 늙어서는 상심과 슬픔뿐 어쩔 도리가 없다少壯不努力소장불노력 老大徒傷悲노대도상비.'

이는 중국의 고대 명언이다. 젊은 시절에 행동하기를 미루며 시간을 낭비하거나 충분히 노력하지 않으면 나이 들어 남는 것은 후회뿐이다.

시간은 지금도 우리 곁을 무심하게 스쳐 지나간다. 어제의 봄날이 얼마나 빨리 겨울날이 되던가. 지금 당장 행동해야 한다. 청춘의 찬란한 시절은 다시 돌아오지 않는다.

달리기 경주에서 토끼가 쉬지 않는다면?

치열한 경쟁 속에서 살아남으려면
누구보다 빨리 행동하는 길밖에 없다.

한때 하버드에서 공부한 억만장자 빌 게이츠는 말했다.

"하고 싶다는 생각이 들면 지금 당장 시작하라!"

우리는 각자의 목표와 꿈을 향해 바쁘게 살아간다. 그러나 많은 사람이 멋진 꿈만 꿀 뿐 즉시 행동하지 않는 경우가 많다. 아무것도 하지 않고서 바라기만 해서는 절대 성공할 수 없다.

성공하는 데 목표 설정만으로는 충분하지 않다. 또한 각오와 능력, 지식과 기술까지 준비되었을지라도 실질적인 행동으로 이어지지 않으면 아무런 소용이 없다. 아무리 큰 다이아몬드일지라도 가공과 세팅을 거치지 않으면 그것은 탄소 덩어리에 불과하다.

흐르는 강물을 거슬러 올라가려면 일정한 속도로 계속 헤엄쳐야 한다. 급변하는 시대를 살아가는 우리는 '나아가지 않는 것은 물러서는 것이고 천천히 나아가는 것 또한 물러서는 것'이라는 말의 의미를 이해할 수 있다. 치열한 경쟁에서 살아남으려면 신속하고 효율적으로 행동해야 한다. 가만히 앉아 있는 사람은 아무런 기회도 잡을 수 없으니, 도태될 수밖에 없다.

`4:30 A.M.` 아이린은 하버드 예술그룹에서 촉망받는 배우였다. 하지만 그녀는 지금의 명성에 만족하지 않았다. 그녀의 꿈은 대학 졸업 뒤 1년간 유럽에서 정통 연극을 더 배운 다음 다시 뉴욕 브로드웨이에 진출하는 것이었다. 아이린의 포부를 들은 지도교수가 물었다.

"어째서 대학 졸업 뒤에 브로드웨이에 가려 하니?"

"교수님 말씀이 맞아요. 오래 공부한다고 해서 브로드웨이 무대에 설 기회가 오는 건 아니니까요."

아이린은 잠시 생각하고 나서 대답했다.

"1년 뒤 바로 브로드웨이로 가봐야겠어요."

지도교수가 다시 물었다.

"지금 가는 거랑 내년에 가는 거랑 무슨 차이가 있지?"

아이린은 또 가만히 생각하다가 입을 열었다.

"별 차이는 없는 것 같아요. 다음 학기에 바로 가겠어요!"

지도교수는 곧바로 되물었다.

"다음 학기에 가는 거랑 지금 당장 가는 거랑 무슨 차이가 있을까?"

아이린은 슬슬 머리가 아파졌다. 그녀는 아름다운 댄스 슈즈를 신고 찬란히 빛나는 무대에서 멋지게 활약하는 모습을 떠올렸다. 그녀는 더 빨리 브로드웨이로 가야겠다고 마음먹었다.

"다음 달에 가겠어요!"

지도교수는 다시 한번 물었다.

"다음 달에 가는 거랑 지금 당장 가는 거랑 무슨 차이가 있니?"

순간 흥분에 휩싸인 아이린은 떨리는 목소리로 말했다.

"좋아요. 생필품도 좀 사고 일주일 동안 준비해서 다음 주에 바로 출발하겠어요!"

"생필품이야 브로드웨이에도 있지 않을까?"

지도교수는 의미심장하게 눈짓하며 미소했다.

"그래요! 내일 당장 출발할게요!"

아이린은 입술을 감쳐물고 주먹을 꽉 쥐었다. 교수는 그제야 만족스럽게 고개를 끄덕이며 말했다.

"좋아. 이미 내일 출발하는 비행기 표는 준비해뒀단다. 행운을 빈다!"

이튿날, 아이린은 그토록 꿈에 그리던 브로드웨이로 날아갔다.

물론 이 이야기는 다소 과장된 면이 없지 않다. 하지만 아이린이 내일 브로드웨이로 떠나지 않는다면, 영원히 가지 못할 수도 있다. 왜냐하면 지금 당장 가는 데 주저하는 사람에게는 1년 후도, 2년 후도 기약할 수 없기 때문이다.

이 세상에는 반드시 알아야 할 진리가 한 가지 있다. 무엇을 꿈꾸든 모든 조건이 갖춰질 때까지 기다리지 말라는 것이다. 지금 당장 행동하지 않으면 죽을 때까지 기다리게 될 뿐이다.

목표를 세웠다면 지금 즉시 행동하라. 바로 이 순간부터 시작해야 한다. 행동하지 않고 생각만 한다면 목표는 영원히 닿을 수 없는 공상으로만 남을 것이다. 성공한 사람들은 단호한 추진력으로 생각한 바를 즉시 실행한다. 이는 성공을 위해 반드시 갖춰야 할 습관이자 한 번 주어진 자기 인생에 대한 마땅한 예의이다.

한 가지 목표를 세워 2주 동안 행동하기

랠프 에머슨은 말했다.

"자기 목표를 향해 나아가며 행동하는 사람이라면 온 세상이 그를 위해 길을 열어준다."

우리 역시 즉시 행동하는 습관을 기른다면 막연히 꿈꾸고 있는 것이 어느 순간 현실이 되어 있을 것이다. 이제 답 없는 공상은 그만두어야 한다. 내일 하는 것보다 오늘 하는 것이 더 효율적일뿐더러 성공에 이르는 최단의 지름길이다. 이 세상에서 지금보다 더 좋은 출발점이란 없기 때문이다.

지금 꿈꾸고 있는 일이 있다면 그것을 달성하기 위해 꼭 해야할 행동 지침을 세우자. 그러고는 당장 일을 시작하자. 그것이 다이어트이든, 외국어 공부이든, 사업이든 말이다.

천 리 길도 한 걸음부터다. 아무리 원대한 목표라도 첫걸음이 가장 중요하다. 매일 아침 눈을 뜨면 곧바로 계획한 그날의 일과를 실천하자. 그렇게 해야 할 일을 미루지 않고 제때 해나갈 수 있다. 성취감으로 마음이 뿌듯해질 것임은 물론이다. 이렇게 2주만 하면 행동하는 습관을 체화할 수 있다. 지금 상황이 좋든 나쁘든, 언제나 긍정적인 마인드로 즉시 행동하라. 그러면 성공이 손안에 들어올 것이다.

최선을 다하는 것만으로는 부족하다

학업에서도, 업무에서도 앞서가기 위한
최고의 무기는 효율이다.

많은 사람이 매일 저마다 엄청난 시간을 학업 혹은 업무에 쏟으며 열성을 다하지만, 생각보다 효율은 떨어진다. 대다수가 이런 결과의 늪에서 허덕인다.

상상을 초월할 만큼 급변하는 오늘날, 사람들은 그 변동성에 너나없이 어찌할 바를 몰라 하고 있다. 이런 가운데 지금 하는 학업이나 업무에서 효율에 중점을 두고 할 일을 한다면 탁월해질 수 있을뿐더러 나아가 새 시대의 강자가 될 수 있다.

물론 이 세상에 완벽한 사람이란 없겠지만, 가능한 한 학업 혹은 업무에 좀 더 효율적으로 접근해야 한다. 그렇게 하지 못한다면 분명 뒤처질 것이다.

저명한 기업가 잭 웰치Jack Welch는 말했다.

"경쟁 사회에서 효율이란 꼭 필요한 요소다. 기업과 직원들이 일에 집중하고 최상의 상태가 되도록 하기 때문이다."

많은 사람이 학업과 업무의 효율을 끌어올리기 위해 가용할 수 있는 시간을 모조리 소비한다. 그렇게 하면 지식을 더 많이 얻을 수 있고, 일 또한 더 잘하게 되리라 생각하기 때문이다. 그러나 그에 따른 성과가 소비한 시간에 비례하지 않는다. 그러므로 시간보다는 효율을 늘리는 문제에 더욱 주목해야 한다.

학업과 업무에서 두각을 드러내는 데 최고의 무기는 효율이다.

4:30 A.M. 하버드 MBA 과정을 밟는 학생들은 몇 개의 팀으로 나눠 팀별로 발표하는 시간을 자주 가진다. 학생들은 이 팀별 발표를 통해 협동력과 더불어 팀원들 혹은 각 팀 사이에서 경쟁력을 키운다. 이때 자신이 속한 팀에게 폐를 끼치지 않으려면 반드시 자신의 효율을 높여야 한다.

하버드 MBA 과정을 밟는 학생 중 발리트는 유난히 완벽과 효율을 중시하는 사람이었다. 그런 그의 성격은 악명이 높아서 대다수 학생은 그와 한 팀이 되는 것을 꺼렸다. 물론 그의 실력이 대단한 것을 인정하지만, 까다로운 그와 한 팀이 되면 울며 겨자먹기로 다른 팀에서는 하지 않아도 될 괴로운 협업을 시작해야 했기 때문이다. 실제로 발리트는 다른 학생이 한 일에서 늘 문제점을 산더미처럼 찾아냈고, 때로는 동료의 과제를 처음부터 끝까지 다 고쳐야 한다고 비판하기도 했다.

처음에는 그의 행동이 불만스러웠던 팀원들도 나중에는 그의 이런 '흠집 잡는' 태도를 못 본 척 신경 쓰지 않기 시작했다. 어느 날 팀원들은 아예 자기 몫의 과제를 하지 않고 발리트에게 몽땅 넘겨버렸다. 물론 발리트는 그런 수를 읽지 못할 인물이 아니었다. 그는 팀원들이 자신에게 넘긴 과제를 저만큼 치워뒀다가 발표하기 사흘 전에야 감기 때문에 하지 못했다며 돌려주었다. 그제야 발등에 불이 떨어진 팀원들은 부랴부랴 자기 몫의 발표 준비를 해야 했다. 그렇게 팀원들은 몇 날을 밤낮없이 발표 준비에 매달렸고, 간신히 기한에 맞춰 완성할 수 있었다. 발리트는 팀원들의 '대단한 효율'을 칭찬하며 고개를 끄덕였다.

"역시 모두 굉장히 효율적이고 실력 있는 사람들이었군. 진작 이런 속도로 했더라면 더 좋은 결과가 나왔을 텐데 말이야."

팀원들은 발리트의 진짜 속셈을 알아차렸지만, 그를 탓하기보다는 자신의 부족함을 반성하게 되었다.

한 시간관리 전문가는 말했다.

"순서도 목표도 없는 무차별적인 일들은 대부분 끔찍할 정도로 효율이 낮습니다."

내 주위에 있는 많은 사람이 효율을 중시하지 않은 채, 발등에 불이 떨어져서야 우왕좌왕한다. 그들은 급한 일과 중요한 일을 전혀 분간하지 않고 주먹구구로 일 처리를 한다. 책상 앞에 앉아 밀린 일을 수습하려 벼락치기를 하다 보면 몸과 마음은 지치고, 정작 해야 할 중요한 일은 놓치는 상황이 벌어진다. 이런 사람들은 대개의 시간을 중요하지 않은 일에 허비한다. 그래서 나중에 정말로 중요한 문제를 처리하려고 보면 가장 좋은 시기를 이미 놓쳐버린 경우가 많다. 이렇게 하루하루가 악순환처럼 되풀이된다면 시간만 낭비하고 효율은 찾아볼 수 없다. 학업 또한 마찬

가지다. 시간을 합리적으로 이용하여 학업의 효율성을 높여야
함은 만 번을 강조해도 지나치지 않다.

명심하라. 오늘날의 경쟁 사회에서는 효율만이 답이다.

단시간에 새로운 지식을 얻는 방법

하버드생들의 놀라운 성과들은 효율을 매우 중시한 데 따른 결과다. 그들은 보통 사람들과 같은 시간이 주어져도 훨씬 많은 것을 습득하고 새로운 답안을 내놓는다. 이들은 어떻게 자신의 효율을 높일까?

1. 세부 목표, 짧은 시간: 한 과제를 수행하기 위해서 열 권의 책을 읽어야 한다면 한숨부터 나오게 마련이다. 하버드생들은 일단 우선순위를 정하여 각 세부 목표들을 짧은 시간으로 쪼개어 수행해간다. 그렇게 학습 시간을 적절히 쪼개면 생각보다 지루하지 않게 배워갈 수 있다. 너무 큰 장기 목표를 먼저 생각하는 것보다는 쉬운 세부 목표부터 실행해간다고 생각하면 훨씬 높은 효율을 기대할 수 있다.

2. 난이도에 따른 시간 배분: 두뇌가 가장 활성화되는 오전 시간과 저녁 시간에 제일 어려운 과제, 난도 있는 공부 등을 한다.

그렇게 규칙을 정하고 합리적인 계획을 세운다면 대단한 학습 효과를 볼 것이다.

3. 충전 시간: 공부량이나 난도에 상관없이 스스로 '숨 돌릴 시간'을 갖는다. 예컨대 일정한 시간 동안 고난도의 과제를 수행했다면, 그다음 시간은 가벼운 과제를 수행하는 것이다.

가장 달콤한 습관, 미룸

내일만 기다리는 사람은 오늘을 절대 손에 넣을 수 없다.
그저 손에 쥘 수 있는 것은 내일이 가져다주는 죽음과 무덤뿐이다.

이탈리아의 유명한 발명가이자 통신 기업가인 굴리엘모 마르코니Guglielmo Marconi는 말했다.

"성공의 비결은 신속하게 행동하는 습관에 있다."

이는 하버드생들의 특징이기도 하다. 하버드의 도서관 정면 벽에는 이런 명언이 붙박여 있다.

'오늘 일을 내일로 미루지 말라.'

우리 또한 이 명언을 얼마나 보고 들어왔던가. 하지만 실상 우리 대부분은 '오늘까지만 쉬고 내일 하자'를 입에 달고 살지 않았던가. 이것이 바로 평범한 사람들과 하버드생들의 차이다.

정말 많은 사람이 주어진 일들을 미룬다. 미루는 일은 정말로 달콤하다. 마치 값비싼 가방을 수십 개월 할부로 구매하는 것처럼 말이다. 하지만 오늘 갚지 않으면 내일 갚아야 할 금액이 누적되는 것처럼, 할 일을 미루면 다음 날은 더 많은 일이 골치 아프게 적체된다. 자연히 그날그날의 일은 늘어지고, 다음 날로 미

뤄지고, 업무 스트레스가 쌓여가는 악순환의 늪에서 허우적댄다. 결국 미루기는 습관이 되고, 쓸데없이 분주하고, 쓸데없이 쫓기는 긴장 상태의 일상을 살아간다. 이렇다 할 성과 하나 없이 말이다.

우리는 종종 주어진 일을 하기 전에 시간이 너무 없다고 투덜대곤 한다. 해야 할 일을 미뤘기 때문에 빚어진 결과라는 사실은 애써 외면하면서 말이다.

많은 이가 "그때 그렇게 했더라면 오늘 이렇지 않았을 텐데" 또는 "그때 사업을 시작했더라면 지금쯤 벌써 부자가 되었을 텐데" 하는 식의 한탄을 자주 늘어놓는다. 그러나 기회는 기다려주지 않는다. 계속 미루기만 한다면 죽을 때까지 원망만 하며 살아갈 수밖에 없다. 반대로 지금 당장 행동하면 미래는 무한한 가능성으로 가득 찰 것이다.

하버드생들이 가장 귀하게 여기는 것은 시간이다. 그들은 시간이야말로 성공으로 가는 첫 번째 조건이라고 생각하며, 세상에서 가장 불행한 일은 시간을 놓치는 것이라고 여긴다. 그래서 늘 즉시 행동하려 애쓴다.

`4:30 A.M.` 하버드의 행동연구 수업에서 한 교수가 자신의 주머니에서 100달러를 꺼내며 학생들에게 말했다.

"지금부터 재미있는 게임을 하나 하겠습니다. 단, 여러분의 투자와 빠른 행동이 필요합니다. 자, 여러분 중 50달러와 이 100달러를 바꿀 사람이 있습니까?"

교수는 몇 번을 연달아 물었지만, 학생들은 가만히 앉아 있을 뿐 누구 하나 선뜻 100달러짜리 지폐와 바꾸겠다고 나서지 않았다. 한참 뒤 이윽고 학생 하나가 수줍어하며 강단으로 올라왔다. 그러나 의심 어린 눈빛으로 교수와 그의 손에 쥐어진 100달러 지폐를 번갈아 볼 뿐 아무런 행동도 하지 못했다. 교수가 물었다.

"아직도 망설이고 있나요?"

학생은 그제야 50달러 지폐와 100달러 지폐를 바꾸었다. 교수가 말했다.

"인생에서 남다른 성공을 거두길 원한다면 즉시 첫걸음을 떼며 행동해야 합니다."

하버드생들은 오늘 해야 할 일을 내일로 미루지 않는다. 하버드 강의를 들어보면 교수가 열정적인 목소리로 학생들에게 하는 말을 들을 수 있다.

"내일만 기다리는 사람은 오늘을 절대 손에 넣을 수 없다. 그저 손에 쥘 수 있는 것은 내일이 가져다주는 죽음과 무덤뿐이다."

이러한 정신은 학생들의 학습과 생활 구석구석에 녹아들어 있다.

대체로 많은 사람이 꿈과 이상을 가득 품고 있다. 그러나 그중 일부는 그 꿈을 즉시 행동으로 옮기지 못하거나 계획 전체를 계속 미루기만 한다. 이런 이들은 결국 자신의 이상과 계획, 꿈을 하루아침에 잃어버리고 만다.

《실낙원》의 작가 존 밀턴John Milton의 작품에는 이런 구절이 있다.

'계속 서서 기다리면 얻는 게 있을 것이다.'

이 명구를 우리는 곱씹어야 한다. 행동 없는 성공이란 불가능한 일이다. 성공은 저절로 이루어지는 것이 아니다. 오직 오랫동안 열심히 해야 할 일을 한 사람에게만 성공의 결실이 맺힌다.

지금 해야 할 일을 미루지 마라. 그리고 당신이 얼마나 훌륭한 사람인지 세상에 알려라. 지금부터 실제로 행동하고 노력한다면 성공의 문이 조금씩 열릴 것이다.

달리는 중에 무기력한 사람은 없다

오늘 할 수 있는 일을
절대 내일로 미루지 마라.

무슨 일이든 하다 보면 열정이 사그라지고 힘이 쭉 빠지면서 무기력해질 때가 있다. 이럴 때는 아무런 행동도 하지 않고 그저 가만히 있게 되는데, 많은 사람이 자신이 현재 이런 상태임을 인식하지 못한 채, 무기력함에 빠져서 끝도 없이 허우적대곤 한다.

하지만 하버드생들은 다르다. 그들은 즉시 행동해야 한다는 사실을 잘 안다. 그들은 공부가 아무리 어렵고 힘들어도 결코 무기력해지는 법이 없다. 이런 그들의 습관은 사회생활을 시작하면서도 마찬가지로 이어진다. 그들은 매 순간 무기력과 미루는 습성을 경계한다. 그것에 성공이 절대로 붙지 않음을 알기 때문이다.

올바른 기회를 잡고 노력하는 사람에게 성공은 온다. 스스로 기회를 만들 능력이 없다면 기회가 눈앞에 나타났을 때 재빨리 행동할 수 있어야 한다. 이때 무기력한 모습으로 차일피일 미루어선 안 된다. 무기력에 사로잡힐 때마다 의식적으로 더 빨리

147

행동해보자. 쓸데없는 부정적 감정에 빠지는 걸 피할 수 있을 것이다.

무기력은 학업이나 업무에 대한 피로감이나 부정적인 정서로 말미암아 빚어지는 일종의 심리적 반응을 일컫는 말이다. 하버드의 심리학 교수 연구에 따르면 무기력은 현대인이 보편적으로 가진 부정적 감정이며, 심신의 건강은 물론 학습과 업무에 이르기까지 커다란 악영향을 미친다고 한다.

무기력으로 유발되는 문제는 우울, 분노, 비관, 초조, 불면으로 말미암은 두통, 학업 및 업무의 효율 저하, 대인 갈등 등 다양하다. 우리에게 이런 문제들이 나타난다면 잘되지 않는 공부 때문에, 혹은 최근에 성과가 안 좋았던 일 때문에 무기력해진 것은 아닌지 돌아보자.

무기력을 극복하는 가장 좋은 방법은 바로 지금 당장 행동하는 것이다. 그럴 때 성적도, 성과도 좋아진다.

[4:30 P.M.] 하버드 MBA 과정에서 교수들은 항상 '즉시 행동하는 정신'을 강조한다. 전문 경영인들에게 가장 필요한 것이기 때문이다. 기회가 눈앞에 나타나면 반드시 즉각적으로 행동해야 한다.

교수들은 학생들에게 이런 말을 자주 한다.

"성공하고 싶다면 지금 당장 실행하라!"

이 세상에 공짜 점심이나 하늘에서 뚝 떨어지는 도깨비방망이 같은 건 없다. 행동하지 않는다면 죽을 때까지 성공할 수 없다.

하버드 졸업생 베비스는 경험을 통해 이 사실을 배웠다. 그의 지도교수는 게으름을 극복하고 행동하는 습관을 기르려면 늘 노력해야 한다고 말했다. 그래서 베비스는 자기 주변의 작은 일부터 시작하고자 했다. 자잘하고 번거로운 일을 하기 싫을 때마다 그는 자기 자신에게 말했다.

"이 일부터 시작하지 않으면 진짜 제대로 해야 할 일, 그걸 할 기분이 나지 않을 거야."

이렇게 미루기 혹은 게을러지기와 정면 대결한 결과, 베비스는 조금씩 행동하는 습관이 생겼다. 일상에서 크고 작은 일들이 생길 때마다 그는 늘 바로바로 행동했다. 그랬기에 무기력에 빠질 틈은 절로 사라졌다.

하버드 MBA의 핵심은 창업정신을 높이는 데 있다. 창업이란 얼마나 위대한 시작인가? 이런 맥락으로 위대한 이상을 실현하고 싶다면 반드시 행동해야 한다. 성공으로 나아가는 데 무기력은 아무짝에도 쓸모가 없다.

빌 게이츠가 퍼스널 컴퓨터에 숨은 엄청난 기회를 발견한 직후 곧장 자기 생각을 행동으로 옮기지 않았다면, 무기력한 모습으로 자신만의 컴퓨터만 만지작거렸다면 어땠을까? 그랬다면 지금 그 신통방통한 문명의 이기를 누릴 일은 우리에게 없었을 것이다.

오늘 걷지 않으면 내일 뛰어야 한다

현재는 미래의 시작이다.
현재가 없다면 미래도 없다.

하버드 출신의 전 미국 대통령 프랭클린 루스벨트는 말했다.
"오늘을 귀중히 여기면 두 배의 내일을 얻을 수 있습니다."
위대한 극작가 셰익스피어는 말했다.
"시간의 괘종시계에는 '현재'라는 두 글자만이 새겨져 있다."
우리는 너나없이 일분일초를 귀중하게 생각하고 '현재'를 출발점으로 삼아 내일을 향해 열심히 걸어가야 한다. '현재'는 미래의 시작이고, '현재'가 없다면 미래도 없기 때문이다.
어제의 일은 과거일 뿐이고, 내일의 일은 알 수 없는 미래다. 그러므로 우리는 오늘을 더욱 유의미하게 충실히 보낼 방법을 고민하고, 그에 따라 치열하게 행동해야 한다.
매스미디어를 통해 보자면, 요즘 청년들의 미래가 참으로 걱정스럽긴 하다. 그들은 아무런 꿈도, 계획도 없이 오늘을 그저 숨만 쉬며 살아가는 듯하다. 마음속에 일말의 꿈이 있다 한들 자신감 상실로 그냥 포기한 채 그 어떤 실천도 하지 않는다. 그들의 오늘은 아무런 흔적도 남기지 않은 채 그저 강물처럼 흘러간 다. 기록 없는 삶이란 얼마나 허망한가.

우리에게 주어진 시간은 정말이지 귀하다. 일분일초를 살아 가며 우리 인생이 좀 더 많은 기록을 남길 수 있도록 최대한 많은 일을 하며 살아가야 한다. 명심하라, 오늘의 시간이 당신의 생각이 되고 훗날 계획과 꿈의 밑거름이 된다는 사실을. 아울러 하버드의 유명한 캠퍼스 명언도 기억해두자.

'오늘 걷지 않으면 내일은 뛰어야 한다.'

4:30 A.M. 세계 최대의 화학 기업 듀폰의 총재였던 크로포드 그린 월트Crawford Greenewalt. 그에게 잘 알려지지 않은 사실이 있다. 산더미 같은 업무에 쫓기는 글로벌 기업의 총재가 틈틈이 벌새를 연구하고, 전문 장비로 그것을 촬영했다는 사실 말이다. 그는 이런 취미를 아주 오랫동안 해왔는데, 나중에는 계획한 바대로 벌새 관련 책도 출간했다. 이 책은 생물학계가 인정하는 걸작으로 호평을 받았다. 그가 매우 바쁜 와중에도 이런 성과를 거둘 수 있었던 까닭은 오늘부터 시작하면 지식을 더 많이 얻을 수 있음을 알았기 때문이다.

당신이 성공으로 가는 길 위에서 제자리걸음을 한다면, 그러는 동안 뒤따라온 누군가는 당신을 추월할 것이다. 오늘 걷지 않으면 내일은 반드시 뛰어야 한다. 그렇지 않으면 절대 성공에 이를 수 없다.

오늘부터 시작하자. 쉼 없이 걷고 뛰고 남들은 물론 나 자신을 뛰어넘자. 내일은 오늘보다 더욱 나아져야 한다. 아주 작은 차이 일지라도 그 성공의 시그널을 행동으로 만들어가자.

CHAPTER 5

세상에서 가장 리스크 적은 생산, 배움

지식은 가장 안전한 재산이다

지식은 금보다 귀하다.
금으로도 살 수 없기 때문이다.

하버드 초대 총장 헨리 던스터Henry Dunster는 학생들에게 이런 말을 자주 했다.

"기도한 후에는 공부를 하게."

하버드생들의 지식 열망은 신앙보다도 크다. 하버드생들은 입학하면 도서관에서 학습 관련 서적을 찾는 법을 필수적으로 배운다. 오늘 얻은 이론 지식이 미래의 능력을 결정하기 때문이다. 그들은 학교 도서관을 천천히 거닐며 지식을 자유롭게 향유한다. 이 지식의 장은 어마어마하게 넓기에 학생들은 스스로 수많은 책 속에서 자신에게 유익한 것을 찾아내야 한다.

그들은 지식만이 가장 안전하고, 그렇기에 가장 완전한 재산이라는 사실을 안다. 세상에서 제일가는 도둑일지라도 머릿속에 든 지식만큼은 훔쳐내질 못할 테니 말이다.

흔히 '지식이 재산'이라고 한다. 대체 무엇 때문에 이렇게 말하는 것일까? 현대사회에서 지식과 자본이 한 덩어리가 되어가고 있기 때문이다. 이는 지식이 많을수록 더 많은 재산을 얻을 수 있다는 뜻이기도 하다.

언제부터인가 '샐러던트saladent'라고 하여 직장인들 사이에 배움의 열풍이 불고 있다. 이런 경향은 앞으로 점점 더 강해질 것이다. 왜 직장인들은 그토록 열심히 배우려 하는 것일까? 과학 기술이 빠르게 발전하는 오늘날, 끊임없이 배우지 않으면 한순간 도태되기 때문이다.

1992년, 미국에서는 400만 명이 넘는 직장인들이 재교육을 받았다. 스스로 배우지 않으면 치명적인 '위기'에 빠지리라는 생각 때문이기도 했고, 일부는 직원 발전을 원하는 회사의 지원 덕분이기도 했다. 기업의 목적은 이윤을 추구하는 것이므로 절대 손해나는 곳에 돈을 쓰지 않는다. 그런데도 기업들이 아낌없이 투자하는 이유는 재교육받은 직원들의 업무 효율이 눈에 띄게 높아졌기 때문이다. 회사의 기술자가 끊임없이 새로운 기술을 배우고 익히면 그 기술을 기업의 생산과 경영에 응용할 수 있고, 기업은 더욱 많은 이윤을 남길 수 있다.

세계 최고의 대학 하버드에서도 MBA 과정은 특히 유명하다. 이 MBA 과정의 교수들은 학생들에게 다음의 일화를 자주 들려준다.

4:30 A.M. 미국 자동차 회사 포드사의 엔지니어들은 하나같이 명문 대학 출신의 엘리트들이다. 그런 그들에게 하루는 심각한 난제가 들이닥쳤다. 새로 개발한 모터의 결함 문제를 풀지 못한 것이다.

자체적으로 이 문제를 해결하지 못한 엔지니어들은 회사의 정상적인 운영을 위해 어쩔 수 없이 당시 최고의 전기공학자였던 찰스 스타인메츠Charles Steinmetz에게 부탁했다. 스타인메츠는 모터를 살펴본 다음 회로기판을 가져왔다. 그러고는 회로기판 위에 선을 하나 그린 다음 주변 사람들에게 말했다.

"이 선이 끊어졌군요. 다시 연결하면 괜찮을 겁니다."

공장 직원들이 그의 말대로 선을 연결하자 모터는 곧 제대로 작동하기 시작했다. 그 후 포드의 엔지니어들은 스타인메츠의 청구서를 보고 깜짝 놀랐다. 수리비로 무려 1만 달러를 청구한 것이다. 겨우 선 하나 그려놓고 1만 달러를 달라니 바가지도 이런 바가지가 없었다. 그러나 스타인메츠는 아무런 말도 하지 않은 채 조용히 펜을 들어 청구서 위에 이렇게 적었다.

'선을 그린 가격 1달러. 어디를 고쳐야 하는지 아는 것에 대한 대가 9,999달러.'

선을 그리는 단순한 물리적 행동은 누구나 할 수 있는 일이다. 하지만 어디에 그것을 그려야 하는지를 아는 사람은 많지 않다. 이 이야기에서 스타인메츠는 바로 그 지식의 가치를 9,999달러의 돈과 같다고 한 것이다. 이는 지식과 자본이 밀접하게 이어져 있으며, 지식의 가치는 다른 어떠한 것과도 비교할 수 없다는 사실을 잘 알려주는 이야기다.

옛날에 대대로 장사하며 재산을 모은 부자가 있었다.

그는 장사를 싫어했지만, 가업을 이어받기 위해 영리한 머슴을 고용했다. 처음에는 돈을 벌기 위해 일을 하던 머슴은 주인이 장사에 관해 아무것도 모른다는 사실을 알고서, 자신이라도 더 열심히 장사 공부를 하기로 마음먹었다.

사업이 날로 번창하자 부자는 매우 기뻐하면서 머슴에게 푸짐한 상을 주었는데, 정작 자신은 머슴에게 모든 걸 맡기고는 온종일 빈둥대면서 허송했다.

그러던 어느 날, 부자의 집에 도둑이 들었다. 금은보화를 몽땅 훔친 도둑은 불을 지르고는 감쪽같이 자취를 감췄다. 그렇게 부자는 한순간 빈털터리가 되었다. 부자가 망했기에 머슴은 어쩔 수 없이 그의 곁을 떠날 수밖에 없었다. 머슴은 자신이 모아둔 돈으로 작은 가게를 차렸다. 그리고 이전에 쌓은 경험과 지식을 바탕으로 장사를 다시 시작했다. 과연 머슴은 어떻게 되었을까? 시간이 흘러, 머슴의 가게는 점점 커졌고 그는 거상이 되었다. 반면 머슴을 고용하던 부자는 구걸하는 거지 신세가 된 채 길바닥을 전전했다.

'석유왕' 존 데이비슨 록펠러John Davison Rockefeller는 자신이 옷과 재산을 몽땅 빼앗긴 채 사막으로 던져진다 해도 지나가는 상단만 있다면 자신은 얼마든지 다시 백만장자가 될 수 있다고 말했다. 록펠러의 이런 자신감은 그가 특별한 재산을 가졌기 때문이다. 누구에게도 도둑맞지 않고 인생을 바꿀 수 있는 재산, 바로 지식이다.

척박한 땅에도 배움의 싹을 틔울 수 있다

학습은 생각하는 노동이다.

"세상에서 가장 강력한 무기는 무엇일까?"

이 질문에 사람마다 다양한 답을 내놓을 테지만 아무래도 핵무기, 화학무기 등이 1순위로 손꼽히지 않을까 싶다. 물론 이런 것들이 대량 살상을 불러올 매우 잔혹한 무기이긴 하지만, 내가 의도한 질문의 답은 아니다.

과연 그 답은 무엇일까? 바로 고도의 지식이다. 그런데 이 강력한 무기는 다른 사람에게서 손쉽게 넘겨받거나 돈으로 살 수 있는 게 아니다. 고도의 지식은 오직 치열한 배움을 통해서만 얻을 수 있다.

세상에는 남달리 똑똑한 데다 방대한 지식을 섭렵하고 선도 기술에 눈뜬 사람들이 존재해왔다. 이른바 천재라 불리는 사람들, 예컨대 에디슨·아인슈타인·뉴턴 등 인류 진보에 혁신적으로 공헌한 인물들은 과연 타고난 천재일까? 사실, 이 세상에 그냥 천재란 없다. 그들이 일반인들보다 유능할뿐더러 비범한 이유는 그 누구보다 배움을 사랑했기 때문이다. 그들은 배움을 통해 성장하며 완벽을 향해 나아갔고, 세상을 뒤엎는 놀라운 업적으로 사람들의 박수갈채를 받았다. 그런데 그들 또한 원래는 평범한 사람들이었다. 하지만 그들은 배움으로 학문에 깊이 천착하며 진화했고, 통달한 학문을 실재적으로 현실화했다.

중국 전국 시대의 시인 굴원屈原은 말했다.

"진리로 향하는 길은 멀고 멀지만, 나는 굽히지 않고 온 힘을 다해 그 길을 찾을 것이다."

많은 사람이 인생이라는 길 위에서 제자리걸음을 하며 안주한다. 지금, 당신 또한 인생길 위에서 안주하고 있다면? 각성한 사람들은 당신을 기다려주지 않는다. 그들은 쉼 없이 앞을 향해 나아갈 것이다. 결국 당신은 누군가를 절대 따라잡지 못할 것이고, 누군가에게 따라잡힐 것이고, 그렇게 뒤처질 것이다.

그러니 지금 당신이 해야 할 일은 쉼 없이 나아가는 것이다. 그렇게 할 때 비로소 삶의 의미가 더욱 깊어지고 당신 또한 인생의 참맛을 알 수 있다. 확연히 성장함은 물론이다.

여기서 생각해봐야 할 것은 무엇으로 남들을 넘어설 것인가 하는 점이다. 돈? 미모? 권력? 모두 아니다. 오직 배움을 통해서만 경쟁자들을 따돌리고 압도할 수 있다. 흙수저 집안에서 태어났든, 갖은 고생과 좌절을 겪었든 배경과 과거는 중요하지 않다. 배움을 인생 사명으로 알고 부단히 각고의 노력을 기울인다면 세상의 중심에서 유의미한 인생을 살 수 있다.

그리스 출신의 니콜라라는 엘리베이터 수리공이 있었다. 유독 과학을 좋아한 그는 매일 퇴근 후 한 시간씩 물리학 공부를 했고, 물리학 관련 책을 읽으며, 물리학 세계를 탐구했다. 그는 반드시 한 시간 동안 공부를 한 뒤에야 저녁 식사를 했다. 그는 그렇게 매일 물리학 지식을 쌓아갔다.

1948년의 어느 날, 니콜라는 과감한 결정을 내렸다. 기존의 양성자가속기보다 제조 비용은 저렴하면서 효율은 높은 가속기를 제작하기로 한 것이다.

미국 원자력위원회에서는 니콜라가 보낸 기획안을 받아들였고, 모의실험을 통해 여러 차례 개선 과정을 거친 뒤 새로운 가속기를 제작했다. 그 결과 상당한 예산을 절감할 수 있었다.

니콜라는 정부로부터 상금 1만 달러를 받았고, 캘리포니아대학교 방사능 실험실 연구원으로 초빙되어 활약하기도 했다. 훗날 그는 다양한 연구 업적을 남겼다.

이 일화는 성공이란 대단한 학벌과 화려한 스펙을 가진 전문가들만의 전유물이 아니며, 평범한 사람 또한 노력 여하에 따라 얼마든지 쟁취할 수 있다는 사실을 보여준다. 그러므로 처한 환경과 여건을 탓할 게 아니라, 그 안에서 절실하게 배움을 길을 가야 한다. 그러다 보면 어느 순간 한 분야의 대가가 될 수 있다. 지금 당장은 그것이 요원해 보일 테지만, 배움을 게을리하지 않는다면 반드시 이뤄질 것임을 믿어야 한다.

4:30 P.M. 타이완의 유명 기업가 천마오방陳茂榜은 명연설가로도 알려져 있다. 그는 숫자를 기억하는 능력이 뛰어나서 여러 국가의 면적, 인구, 국민소득 등의 각종 수치를 쉽게 기억한다. 그런데 미국 세인트존스대학교로부터 명예박사학위를 받은 그가 실제로 초등학교만 겨우 다녔다는 사실은 잘 알려지지 않았다. 다시 말해, 초등학교 졸업 학력자임에도 그는 미국의 명문 대학으로부터 명예박사학위를 받은 것이다. 굉장히 놀라운 일이지만, 사실 그의 학위는 철저히 실력에 기인한 것이었다. 실제로 그는 날마다 밤늦게까지 공부했다.

열다섯 살 때 학교를 그만둔 천마오방은 서점에서 일했다. 그는 하루 12시간의 고된 일과를 마치면 어김없이 책을 읽었다. 서점을 서재 삼아 자유롭게 돌아다니며 책으로써 하루를 마감한 것이다.

8년간 서점에서 일하며 수많은 책을 탐독한 천마오방은 훗날 자신의 기업을 세우고 마침내 명망 있는 기업가로 세상에 우뚝 섰다.

배움은 성공으로 가는 지름길이다. 세상은 멈추지 않고 끊임없이 발전한다. 그러니 배움도 멈춰서는 안 된다. 강물을 거슬러 올라가는 배가 노를 젓지 않으면 밀리게 마련이다. 배움도 마찬가지다. 배움으로 나아가지 않으면 도태될 수밖에 없다. 최신 기기가 시간이 지나면 구식이 되듯 지식도 마찬가지다. 구지식은 늘 신지식으로 대체된다. 첨단 기술이 난무하는 오늘날 그 발전

속도는 가히 상상을 초월한다. 이것이 매 순간 배움을 게을리하지 말아야 할 이유다.

지식이 승패를 좌우한다

'가을걷이가 끝나면 모종을 심듯, 공부하고 또 공부하라.'

이는 하버드의 격언으로, 공부의 중요성을 잘 드러내고 있다. 제아무리 하버드에 다니는 인재일지라도 쉬지 않고 공부해야 뒤처지지 않고 성장할 수 있는 모양이다.

공부는 꾸준함에 달렸다. 쉬지 않고 공부하다 보면 실력은 늘게 되어 있다. 하루는 예닐곱 시간씩 공부하고 또 며칠 동안 손을 놓아버리는 것보다는 한두 시간씩이라도 매일 공부하는 쪽이 낫다. 학습은 순환하면서 점진적으로 향상되는 과정이다. 일관된 학습을 통해 이미 아는 지식도 더욱 탄탄히 할 수 있고, 끊임없이 새로운 지식을 습득하여 내 것으로 만들 수 있다. 꾸준히 배우지 않으면 성공의 기쁨을 누릴 수 없다. 쉽게 중도 포기하는 사람은 의지박약일뿐더러 행동력 부족으로 목표를 향해 계속 움직일 수 없다. 이런 사람에게 성공은 절대로 오지 않는다.

매일, 매주, 매달, 매년 공부하고 또 공부하자. 그렇게 지식의 성

을 탄탄히 쌓자. 견고한 성의 성주는 그 누구에게도 쉽게 지지 않
는다. 요컨대 지식이 승패를 좌우한다.

배움의 고통은 잠깐이지만
배우지 못한 고통은 평생이다

아무리 비옥한 땅이라도 씨를 뿌리지 않으면 거둘 것이 없듯,
아무리 똑똑한 사람이라도 배우지 않으면 무식을 면할 수 없다.

〈하버드 비즈니스 리뷰〉에 등장하는 인물들을 보면 공통점
하나를 발견할 수 있다. 그것은 그들 모두 치열하게 공부한다는
점이다. 비즈니스계를 종횡무진하는 이 엘리트들은 하나같이
매일매일 엄청난 업무를 소화하면서도 누구 하나 공부를 게을
리하지 않는다. 신기하게도 그들은 대다수가 힘들어하고 지겨
워하는 공부를 잘할뿐더러 좋아하기까지 한다.

그중에서도 우리에게 잘 알려진 빌 게이츠는 훌륭한 학습 모
델이다. 세계 최고의 상아탑 하버드에서도 많은 학생이 연애한
다. 하지만 빌 게이츠는 컴퓨터 소프트웨어 개발과 각종 경제서
를 탐독하느라 연애는 늘 뒷전이었다. 그에게는 연애보다 공부
가 훨씬 더 중요했으니까. 그는 공부에 집중했고, 풍부한 전문지
식을 쌓았다. 그때 소프트웨어를 배워둔 덕분에 훗날 업계에서
기술적으로 대단한 공헌을 했고, 경제와 매니지먼트 관련 공부
를 하면서 경영 지식을 쌓아둔 덕분에 훗날 실재와 접목하여 선

물옵션이라는 자신만의 경영방식을 만들어냈다. 그는 직원들에게 회사 주식의 선물옵션을 제공했다. 이는 직원들이 업무에 한층 더 적극적으로 참여하는 동인이 되었다. 지금은 많은 기업이 이 방법을 사용하고 있으니, 그가 기업경영에 세운 공헌 또한 소프트웨어 분야 못지않다고 할 수 있다.

사실, 공부라는 것은 대체로 딱딱하고 재미없다. 그러나 일단 공부를 사랑하기 시작하면 그 어떤 것에서도 얻을 수 없는 즐거움을 만끽할 수 있다. 훌륭한 기업가들과 우수한 하버드생들이 공부하는 습관을 들인 것은 다 이런 이유 때문이다.

배움의 고통은 잠깐이지만, 배우지 못한 고통은 평생 간다. 그래서 깨어 있는 수많은 사람이 그토록 공부에 열을 올리면서 더 깊고 더 넓은 지식을 탐하는 것이다.

4:30 A.M. 1940년에 하버드를 졸업하고 미국 연방정부 재정장관을 역임한 도널드 리건Donald Regan은 배움에 대한 열의가 대단한 사람이었다.

매사추세츠주 출신인 리건은 제2차 세계대전이 발발하자 해병대에 입대했고, 종전 뒤에는 월스트리트 메릴린치 증권에서 일했다. 그는 한순간도 공부를 멈춘 적이 없었다. 쟁쟁한 실력가들이 난무하는 월스트리트에서도 그는 공부를 통해 늘 성공 가도를 달렸다. 그 결과 재무장관 및 대통령 수석 보좌관 등을 역임할 수 있었다. 그는 1987년에 공직에서 물러나 고향으로 돌아갔다.

월스트리트에서 일하던 시절, 리건만큼 미국 주식시장을 훤히 꿰뚫고 있는 사람은 없다고 해도 과언이 아니었다. 그는 당시 금융권에서 대단한 재력을 지닌 인물로 통하며 월스트리트 전체를 장악했다. 정계에 진출하여 재무장관을 역임할 때는 세제 개혁을 시행하여 미국 경제발전을 크게 촉진하기도 했다. 그는 월스트리트에서든 백악관에서든 언제나 공부를 게을리하지 않았다. 그 식지 않는 배움의 정신 덕분에 그는 금융계와 정치권 모두에서 탁월한 성공을 거둘 수 있었다.

배움에는 끝이 없다. 배우기를 그만두는 건 발전을 포기하는 것과 같다. 밥 먹고 잠자듯, 공부도 매일 꾸준히 해야 한다. 그래야 나날이 성장할 수 있다. 과연 지금 우리는 글로벌 기업의 총수나 정계 리더보다 더 바쁜가? 아닐 것이다. 시간이 없어서 공부하기 어렵다는 건 핑계에 불과하다. 성공한 사람들은 아무리 바쁘더라도 지식을 쌓는 배움의 시간을 꼭 갖는다. 우리 또한 그래야 한다. 배움으로 얻은 지식이 우리 인생을 좀 더 윤택하고 즐겁게 만들어줄 것이다.

기회는 준비된 자를 찾아간다! 늘 배우고 지식을 즐겨 쌓는 사람에게 성공이 가게 마련이다. 공부는 자신의 무지와 부족함을 깨닫게 한다. 그리고 그 단점을 보완하기 위해 더욱 열심히 지식욕을 불태우게 한다. 요컨대 더 나은 나로 발전하는 도구로 공부만 한 것이 없다.

성공한 사람과 실패한 사람의 차이는 처음에는 백지 한 장이다. 그만큼 별 차이가 없다. 심지어 실패한 사람이 성공한 사람보다 더 똑똑하기도 하다. 그러나 시간이 흐르면서 둘의 격차는 점점 더 벌어진다. 왜? 성공한 사람이 부지런히 배우는 동안 실패한 사람은 게으름을 피웠기 때문이다.

실패한 사람은 자기 세계에 취한 채 이 정도 지식이면 충분하다고 자만하며 게으르게 눈감는다. 자신의 지식이 한낱 보잘것없음을 알지 못한 채 말이다. 반면, 성공한 사람은 자신의 지식에 만족하지 않고 매일 바삐 신지식을 탐지하고 수용한다.

과연 게으른 실패자가 될 것인가, 부지런한 성공자가 될 것인가? 선택은 자신에게 달려 있다.

지식에 숨을 불어 넣어라

하버드 입학생들은 누구나 이런저런 스트레스를 받는다. 하버드 캠퍼스에 들어서면 도서관, 식당, 광장 등 장소 불문하고 두툼한 책과 씨름하는 학생들을 볼 수 있다. 이것은 실제로 그들의 습관이 된 일상이다.

하버드생들이 공부하는 이유는 단순히 학교를 마치기 위해서가 아니다. 그들의 진정한 목적은 인생의 가치를 실현하고 목표를 완성하는 데 있다. 하버드 문턱을 넘어서면 처음에는 꿈이 너무도 멀게 느껴진다. 배워야 할 지식이 끝없을 만큼 방대하기 때문이다. 하지만 이내 꿈이 손끝에 닿을 것만 같다. 해결할 수 있는 문제가 늘어갈수록 자신감도 쑥쑥 커지기 때문이다.

배운 것을 십분 활용하여 일상의 문제들을 해결해보자. 쌓은 지식으로 더 많은 문제를 해결한다면, 그 경험들이 강력한 학습 동기로 작용할 것이다. 이로써 더 많이 배우는 긍정의 선순환이 이루어질 것이다. 이때 쌓은 지식은 어느 정도의 넓이도 갖춰야 하지만, 그보다 깊이가 더 중요하다. 지식 하나를 배우면 완전히 소화하여 자기 것으로 만들어야 한다. 탄탄한 지식을 갖춰야 마주치는 문제를 온전히 해결할 수 있기 때문이다.

배움은 평생 이어져야 한다. 잠깐 하고 마는 공부는 아무런 효과도 없다. 공부가 지루하고 재미없는 까닭은 완전히 몰입하여 지식과 하나 되지 못했기 때문이다. 지식으로 주변 문제들을 해결할 수 있다는 사실을 통감한다면, 당신의 학습 동기는 절로 강해질 것이다. 매일 공부하는 습관이 몸에 밴다면, 당신의 성공은 떼놓은 당상이다.

죽은 지식과 살아 있는 지식

배움은 이 세상을 더욱
아름답게 만드는 원동력이다.

학습이 개인의 성장에 어떤 역할을 할까? 인류와 사회를 배우지 않는다면 우리에게는 어떤 일이 일어날까?

언젠가 오지에서 늑대 무리와 함께 있는 아이들이 발견되었다. 이를 가엾게 여긴 사람들이 아이들을 문명사회로 데려왔다. 그런데 아이들이 보인 행동은 가히 충격적이었다. 아이들이 전혀 문명사회에 적응하지 못한 것이다. 전문가들은 짐승과도 같은 아이들을 관찰하고 연구한 끝에, 학습만이 인간을 인간답게 만들고 사회적 생존 능력을 길러준다는 결론을 확인했다.

1724년 독일에서 발견된 늑대 소년 피터의 행동 패턴을 연구한 인류학자들은 학습이 생존에 결정적인 역할을 한다는 여러 증거를 발견했다. 사람도 늑대 무리에게 배우면 '늑대'가 되고, 사람에게 배우면 '사람'이 된다는 것이었다.

우리는 모두 무지의 상태로 태어난다. 생존에 필요한 기능은 갖고 태어나는 것이 아니라 후천적 학습을 통해 습득하는 것이다. 배운 경험을 실제 생활에 응용하면 서서히 다양한 기능을 습득할 수 있다. 아무리 천재적인 두뇌를 갖고 태어난 아기일지라도 늑대의 무리 안에서 자란다면 늑대 인간이 될 수밖에 없다. 배운 것이라고는 늑대의 사냥법이나 생존 습관뿐이니까. 따라서 타고난 인간적 재능과 사회적 생존 능력을 키우려면 반드시 학습이 필요하다.

그런데 학습에서 가장 중요한 점이 있다. 학습한 지식을 현실에서 응용하고 실천할 능력으로 전환하는 것이다. 학습한 것이 그저 이론 지식에만 머무른다면 그건 죽은 지식이나 다름없다. 이는 그저 가장 기본적인 지식일 뿐이다. 우리는 이를 바탕으로 실생활에 응용 가능한 살아 있는 지식으로 실체화해야 한다. 그래야만 현실 속 여러 문제와 어려움을 해결하는 도구로 활용할 수 있다.

4:30 A.A. 2012년, 한 중국인 학생이 하버드 박사과정 합격통지서를 받았다. 학교를 마칠 때까지 모든 학비를 면제해주고 매해 생활비 3만 달러까지 보조해준다는 반가운 소식도 함께였다. 이토록 든든한 지원을 받은 사람은 바로 궈멍郭萌이라는 여학생이었다.

2012년 초, 궈멍은 미국에서 '수학 최우수 여학생'으로 선발되었다. 이는 매년 단 몇 명만 선발하는 굉장한 영예였다. 미국 일리노이대학교 어바나 샴페인Urbana-Champaign의 메인 도서관에 궈멍의 이름이 걸렸는데, 이는 중국인 학생으로는 최초였다.

귀멍은 평소 매우 열심히 공부하는 학생이었다. 여러 과목 중, 특히 수학은 장시간 기초를 다져야만 다음 단계로 갈 수 있는 과목이다. 그래서 아주 많은 시간과 공력이 필요하다. 배운 공식과 이론을 바탕으로 문제해결을 위해 여러 번 응용해야 완전히 자기 것으로 만들 수 있다.

귀멍이 그런 수학 과목에서 두각을 나타낸 것은 바로 그녀의 끊임없는 성실 덕분이었다. 그녀는 매일 선생님이 내준 숙제는 물론 다양한 방식으로 난도 높은 수학 문제들을 풀었다. 공식과 이론만으로는 부족하다는 것을 안 그녀는 자신의 학습 능력을 높이기 위해 배운 것을 꼭 실전에 사용했다. 매일 도서관에서 많은 시간을 보냈고, 문제 하나를 풀 때도 여러 방법으로 접근했다.

그렇게 시간이 흘러 귀멍은 문제를 능숙히 해결할 수 있게 되었고, 선생님이 문제 푸는 방식 하나를 알려주면 곧바로 다른 방법을 생각해내기도 했다. 선생님과 학우들은 귀멍의 수학적 재능과 끊임없이 노력하고 연구하는 자세에 감동했다.

그 결과 귀멍은 하버드를 비롯한 여러 명문 대학에서 박사과정 합격통지를 받게 되었다. 이렇게 열의로 공부하는 학생이라면 어디를 가든 자신이 지닌 지식의 힘을 다른 이들에게 전할 수 있을 거라고 인정받은 것이다. 모든 대학이, 그녀가 학교에 든든한 원동력이 되어 빛을 찬란히 발하길 바랐다.

공부하면서 명심해야 할 한 가지는 바로 현실 능력을 키우는 것이다. 물론 능력은 배움에서 오는 것임을 기억해야 한다. 이

둘 사이의 관계를 제대로 인식하고 황금비율을 알아야 공부를 실제 능력으로 전환할 수 있다. 공부와 능력은 상호보완적인 동시에 서로를 촉진하는 힘을 갖고 있다. 이 둘을 잘 활용하다 보면 숨은 잠재력을 발휘할 수 있다. 지식의 힘으로 자기 운명과 세계까지도 바꿀 수 있다.

'만 권의 책을 읽고 만 리 길을 걸어라.'

이는 학습과 실천이 똑같이 중요하다는 사실을 강조하는 격언이다. 책에 담긴 이론만 달달 외워서 공부할 뿐 이를 현실 세계에 응용할 줄 모른다면, 지혜로운 사람이라기보다 그저 공부를 취미로 하는 책벌레에 불과할 뿐이다.

'종이 위에서 병법을 논한다紙上談兵지상담병'라는 고사가 있다. 전국 시대 조나라 사람 조괄趙括은 명장 조사趙奢의 아들로, 어려서부터 아버지에게 병법을 배워 병서를 읽고 병법을 논하기 시작하더니 곧 아버지를 뛰어넘는 병법 지식을 갖추게 되었다. 훗날 조괄은 조나라 장군이 되어 전쟁을 치르는데, 병서에 적힌 방법만 알다 보니 실전에서는 힘을 발휘하지 못했다. 그가 이끌던 조나라 군대는 결국 진나라 군대에 전멸했다.

책 속에 갇힌 지식은 아무짝에도 쓸모가 없다. 그것은 죽은 지식이다. 지식은 반드시 현실에서 써먹을 수 있어야 한다. 그것이 살아 있는 지식이다. 죽은 지식만 쌓는 헛수고는 이제 그만하자.

세상에서 가장 큰 투자

배움은 세상을 바꾸고,
지식은 미래를 만든다.

많은 사람이 투자라고 하면 보통 자본을 떠올린다. 물론 투자가 금융과 경제 분야의 용어이긴 하지만, 그건 좁은 의미에서다. 투자란 일정한 시기 동안 대상의 가치를 늘리는 것을 의미한다. 어떤 사람들은 투자라는 말을 들으면 풍부한 자금이나 널찍한 공장, 최신식 설비, 창고에 가득 쌓인 제품 등을 상상한다. 그러나 이렇게 자본과 화물에 대한 투자는 투자의 여러 형식 중 하나일 뿐이다. 실제 투자는 다양한 방식으로 이루어진다.

여기서는 미래에 대한 투자 이야기를 해볼까 한다. 미래에 대한 투자란 자기 자신과 지식에 투자하는 것이다. 오늘날 지식이야말로 후천적 변화에 큰 영향을 주는 투자 요소다. 지식은 나 자신을 변화시키고 나아가 세상을 뒤엎을 수도 있다. 인류 진보에서부터 과학 기술 발전에 이르기까지 어느 것 하나 지식이 맺은 결과물이 아닌 게 없다.

현재를 잘 살아가는 것도 미래에 대한 일종의 투자라고 생각하는 사람들이 있다. 이런 시각을 가진 이들은 시간을 아껴가며 공부하고 진보한다. 그들은 미래의 생존이 현재의 노력에 달렸기에, 오늘의 노력이 미래에 대한 투자라는 사실을 잘 알고 있다. 지구는 탄생한 순간부터 지금까지 쉼 없이 돌고 있다. 정지는 상대적이지만, 움직임은 영원하다. 시간의 흐름 속에서, 사회는 끊임없이 변화하고 세대 또한 다음 세대로 변화하니까 말이다.

`4:30 A.M.` '미래 투자'를 주제로 교수가 강의하다 이야기 하나를 예로 들었다.

오래전 미국 캘리포니아주의 한 농촌 마을에 두 젊은이가 살았다. 그들은 매일 물을 길어다 도시에 파는 일을 했다. 그들은 물 1통에 2달러씩 받는데, 하루에 많으면 20통까지 팔 수 있었다. 어느 날, 두 젊은이는 자신의 미래에 관한 이야기를 했다. 둘 중 나이가 좀 더 많은 젊은이가 말했다.

"우린 아직 젊으니까 하루에 물 20통을 긷는 건 문제 되지 않지. 하지만 세월이 흘러 늙어서도 계속할 수 있을까?"

또 다른 젊은이는 심각한 얼굴로 생각에 잠겼고, 나이 많은 젊은이가 말을 이었다.

"도시까지 수로를 만들면 어떨까? 그럼 나중에 힘들게 일하지 않아도 되잖아."

또 다른 젊은이는 한참을 생각하다가 말했다.

"수로를 만드는 데 시간을 쏟다 보면 하루에 20달러도 못 벌걸."

서로 생각이 달랐던 두 사람은 각자의 방식대로 자신의 미래를 설계하기로 했다. 나이가 많은 젊은이는 매일 물 15통을 팔면서 남는 시간에 아예 수도를 만들었고, 다른 젊은이는 여전히 물 20통을 길어다 팔았다.

5년 뒤, 두 젊은이의 상황은 천지 차이가 되었다. 나이 많은 젊은이는 수도 회사의 사장이 되었지만, 다른 젊은이는 계속 물을 길어다 파는 처지였다. 게다가 이제 사람들은 돈을 들이더라도 수도관을 설치하고 싶어 했다.

이야기를 마친 교수는 열정에 찬 목소리로 학생들에게 물었다.

"다들 이 이야기를 듣고 무슨 생각이 드나?"

저마다 생각에 잠긴 학생들은 머릿속 생각을 얼른 표현해내지 못했다. 교수는 미소를 지으며 말했다.

"실제로 많은 사람이 자신의 미래에 투자하는 법을 외면한 채 지금 눈앞의 작은 이득을 위해 시간과 노력을 쏟지. 성공하고 싶다면 지금 당장 미래에 투자해야 하네!"

거듭 말하지만, 하버드 캠퍼스에서 게으름을 피우는 학생은 찾아볼 수 없다. 그들은 장소를 가리지 않고 공부하거나 교수, 학우와 토론을 벌인다. 그들은 결코 시간을 낭비하지 않는다. 하버드생들은 적극적으로 사고하고 성실히 공부하는 습관이 몸에 배어 있기 때문이다.

우리는 지금 지식정보 사회에 살고 있다. 다양한 신지식이 끝없이 나오고 있다. 그만큼 우리가 새롭게 받아들여야 할 지식량도 계속 증가하고 있다. 상상을 초월하는 첨단 기술이 장난처럼 쏟아지고 있고, 생산과 업무의 방식도 좀 더 스마트하게 진화하고 있다. 이런 시대에서 살아남으려면 지식의 수용 수준을 예민하게 끌어올려야 한다. 낡은 지식만 계속 끌어안고 있다가는 사회에서 도태될 수밖에 없다. 요컨대 생존하려면 죽을 때까지 배워야만 하는 것이다.

배움은 미래를 위한 최고의 투자다. 미래 사회가 어떻게 변화할지는 정확히 알 수 없지만, 배움으로 늘 갈고닦은 사람은 어떤 변화가 들이닥치더라도 담담히 맞이할 수 있다. 사회가 변화하면 배워야 한다. 새로운 변화는 새로운 지식을 통해 이루어지기 때문에 변화하는 속도에 맞춰 함께 움직이면 너끈히 생존할 수 있다.

젊은 시절에 굉장히 똑똑했던 교수가 있다. 그는 박사학위를 딴 다음, 한 대학에서 학생들을 가르쳤다. 그의 이론이 학계로부터 인정받았기에 처음에는 학생들 너나없이 그의 강의를 듣고 싶어 했다.

시간이 흘러 학생들이 해마다 졸업했고, 교수도 조금씩 늙어갔다. 어느 날, 강의 도중에 학생의 질문을 받은 교수는 깜짝 놀랐다. 자신의 이론이 이미 바뀌어버린 것이다. 변화에 발맞추지 못하는 낡은 지식이 자신의 발목을 잡으리라 생각한 교수는 새로운 지식을 겸허히 배우기 시작했다.

그렇게 새로이 매일 공부하던 교수는 새로운 학술서까지 펴냈는데, 그 책을 본 젊은 학자들은 깜짝 놀랐다. 책 속의 사상과 이론이 모두 학계에서 뜨겁게 거론되는 것이었기 때문이다. 그들은 노구老軀에도 쉼 없이 공부하고 연구하는 교수의 정신에 깊은 감명을 받았다.

반면 교수 연배의 다른 교수들은 일찌감치 시대에 뒤떨어진 탓에 더 이상 그들의 강의를 들으려 하는 학생이 없었고, 일부 이론은 아예 케케묵은 것으로 전락했다. 그들의 지식과 학술은 이미 죽은 것이 돼버렸다. 그렇게 만든 것은 그 누구도 아닌, 그들 자신이었다.

늘 살아 있는 공부를 하라

하버드는 누구나 꿈꾸는 세계 최고의 명문 대학이다. 그런 하버드의 졸업생들은 종종 다른 사람들보다 '자신감'과 '안정감'이 떨어지는 것으로 오해받기도 한다. 자기 능력이 부족한 듯이 매일 쉬지 않고 공부하니까 말이다. 사실 이것은 자신감이나 안정감이 부족해서가 아니다. 그들은 새로운 지식을 배우고 거기에 투자해야 아름다운 미래를 가질 수 있음을 잘 알고 있기 때문이다.

지식에 대한 투자는 반드시 응용성과 실용성이 있어야 한다. 세계는 계속 변화하고, 지식도 끊임없이 갱신되고 있다. 소위 '인기분야'와 '비인기 분야'를 보라. 한때 최신으로 인정받던 이론과 기술도 얼마 지나 않아 옛것이 된다. 그렇기에 지식을 제대로 선택하는 것 또한 공부하는 데서 매우 중요하다. 평생을 쏟아부어도 모든 지식을 섭렵할 순 없으니, 선택적으로 공부해야 한다는 말이다. 특정 분야에 집중하고 배움을 계속한다면, 머지않아 그 분야의 전문가가 될뿐더러 성공 또한 거머쥘 것이다.

어설픈 배움은 안 배운 것만 못하다

전문적이면서도 완전한 학습이
당신을 성공으로 이끈다.

'통에 물을 얼마나 넣고 흔들어야 가장 큰 소리가 날까?'

이 물음에 대한 답은 반 통이다. 뜬금없는 문답이지만, 이를
통해 어설픈 배움에 관하여 생각해보고자 한다.

학식 없는 사람은 배우면서 가장 겸손히 자세를 낮춘다. 이미
학식으로 가득 찬 사람은 더 배우더라도 겸손히 처신한다. 그러
나 반쪽짜리 어설픈 학식을 가진 사람은 오히려 대단한 지식인
이라도 되는 양 가장 오만하게 군다. 이는 마치 절반쯤 들어 있
는 물통이 흔들릴 때마다 큰 소리를 내는 것과 같다.

어쭙잖은 지식으로 잘난 척하는 사람을 볼라치면 정말이지
민망하기 짝이 없다. 머릿속의 물 반 통 같은 얕은 지식으로 거
들먹거리지만, 일상에서 그 어떤 문제 하나 해결하지 못한다. 별
볼 일 없는 지식을 앞세우며 안하무인으로 우쭐대는 선무당 같
은 이가 우리 주변에 생각보다 많은데, 참으로 안타까운 일이 아
닐 수 없다.

아무런 소리도 내지 않는 사람은 겸손하거나 정말 무지하기 때문일 수 있다. 그러나 그에게는 지혜가 있으므로 계속 채우다 보면 결국 가득 찰 것이다. 물 반 통의 어설픈 사람을 금방 앞지를 것은 물론이다.

칼 마르크스Karl H. Marx는 말했다.

"만족은 없다. 공부를 많이 할수록 나의 지식이 부족하다는 생각이 든다. 과학은 오묘하고도 끝이 없는 것이다."

`4:30 A.M.` 학식 높은 학자가 있었다. 그는 유서 깊은 한 사찰의 명망 높은 대사를 찾아가 가르침을 청했다. 대사는 그와 마주한 채 찻잔 두 개에 차를 가득 따른 다음 불도佛道를 설파하고자 했다. 학자는 대사가 하는 말을 유심히 들었지만, 들으면 들을수록 어느 책에선가 읽은 듯한 것이 딱히 특별할 게 없어 보였다. 그토록 먼 길을 마다하지 않고 찾아온 이유는 심오한 불도를 들어 깨달음을 얻으려 한 것이었건만, 아무래도 대사는 생각했던 것만큼 대단한 인물이 아닌 듯했다. 학자는 대사의 명성이 부풀려진 것이고, 무식한 사람들이나 그를 추종하는 거라고 생각했다.

학자는 이제 대놓고 대사 앞에서 불편한 기색을 드러냈다. 하지만 대사는 아랑곳하지 않고 계속 불도를 풀어 설명했다. 결국 학자가 무시하는 말투로 대사의 말을 끊어버렸다.

대사는 학자의 무례함을 탓하지 않았지만, 더 이상 불도를 논하지 않았다. 그 대신 찻주전자를 들어 이미 가득 찬 학자의 찻잔에 차를 또 따랐다. 이내 찻물이 찻잔 밖으로 흘러넘쳤다. 학자가 얼른 대사에게 말했다.

"그만, 그만 따르십시오. 찻잔이 이미 가득 찼는데, 이리 넘치지 않습니까."

대사가 천천히 찻주전자를 내려놓고 얼굴색을 바꾸며 말했다.

"그대 말이 맞소. 찻잔은 이미 가득 차 있었지. 찻물을 비우지 않는다면 내가 그대에게 따라주는 새 차를 맛볼 수 없을 거요."

순간 학자는 큰 깨달음을 얻었다. 그는 대사 앞에 납작 엎드려 자신의 무례를 용서해달라고 연거푸 빌었다. 대사는 미소하며 고개를 끄덕였고, 가르침을 받은 학자는 훗날 존경받는 대사가 되었다.

배움에는 끝이 없다. 모든 지식을 배우기란 불가능하기 때문이다. 여기에서 말하는 완전한 지식도 제한적일 수밖에 없다. 배움을 사랑하는 사람일수록 배움에 깊이 빠져드는데, 마르크스의 말처럼 쉬지 않고 배울수록 자신의 '무지'를 깨닫게 되어 배움에 더 큰 노력을 들이게 된다.

미국의 석유 사업가로, 게티 오일을 설립한 진 폴 게티 Jean Paul Getty는 한때 하버드에서 공부했다. 그는 뛰어난 기업가가 되려면 경쟁자들을 압도할 전문 지식은 물론 인문과학 등 타 분야의 지식을 두루 섭렵해야 한다고 생각했다.

게티는 하버드 군사대학원에서 공부했다. 당시 전공 성적이 좋지 않았던 그는 정치학과 경제학 등에도 관심을 가졌다. 그러나 당시 미국에 개설된 경제학 과정은 미국 경제에만 집중되어 있었고, 학자들도 미국 경제정책의 우월성을 증명하는 이론만 내놓고 있었다. 정치학의 경우에는 교재는 물론 교수 또한 유치할 만큼 맹목적으로 치우쳐 있었는데, 이 점이 그의 마음에 들지 않았다.

그래서 게티는 영국으로 눈길을 돌렸고, 1912년 옥스퍼드대에 입학했다. 또 다른 세계적 명문 대학인 옥스퍼드는 학술적 분위기가 한결 자유로웠다. 옥스퍼드생들은 자신이 좋아하는 과목을 골라 들을 수 있었는데, 이것이 그의 마음에 쏙 들었다. 비록 다른 학생들보다 좋은 성적을 받진 못했지만, 그는 하버드에 다닐 때 익힌 전통을 여전히 품고 있었다. 그것은 바로 '끊임없이 노력하고 실패를 입에 담지 말라'는 것이었다.

훗날 게티는 석유왕으로 유명해졌고 억만장자가 되었다.

하버드가 지금껏 배출한 인재는 헤아릴 수 없을 만큼 많다. 그들은 모두 풍부한 지식을 갖고 있었고, 자신의 명석한 두뇌를 제대로 활용할 줄 알았다. 그들은 물질적, 정신적 부를 창출하며 사회에 이바지했고, 그런 그들의 성과는 전 세계 사람들이 잣대로 삼을 롤 모델이 되었다.

하버드의 눈부신 네임벨류는 단지 오래된 역사를 지닌 대학이기에 만들어진 것이 아니다. 그것은 각각의 하버드생이 세대를 거듭하며 각고의 노력으로 이뤄낸 결과물들의 총체라 할 수 있다.

성적이 곧 지식은 아니다

그 누구든 갖고 있는 에너지는 유한하다. 그래서 모든 지식을 섭렵하기란 불가능하다. 그러니 수많은 분야 중에서 전문 분야 하나를 골라 깊이 천착해야 한다. 모든 분야를 아우르는 엘리트란 있을 수 없다. 그 어떤 전문가, 학자도 자신이 연구하는 한 개 혹은 몇 개의 분야만 통달하고 있을 뿐이다. 그러므로 우리 또한 어느 한 분야를 전문 특기로 삼아 깊이 파고들어야 한다. 이런 특기는 생의 가치를 실현하고 목표를 달성하는 데 도움 된다.

물론 박학다식할 필요도 있다. 다양한 분야의 지식을 섭렵하면 좀 더 넓은 시야를 가질 수 있을뿐더러 한층 유연한 사고를 할 수 있기 때문이다. 지식을 폭넓게 쌓으면 그만큼 풍부한 경험이 따라오고, 또 그만큼 문제해결 능력도 업그레이드된다.

다만, 이것 하나는 유념하자. 하버드에서는 성적이 성공을 의미하지 않는다. 앞서 언급한 게티도 성적은 그저 그랬지만 결국 세계적인 성공 인사가 되었다. 그의 진짜 능력은 성적으로 단련된 것이 아니다.

　우리 또한 마찬가지다. 방향을 정하고 깊이 공부하되, 다양한 지식을 쌓으려 노력해야 한다. 그렇게 할 때 일가를 이루고 사회에 없어서는 안 될 핵심인재가 될 것이다.

CHAPTER 6

유연한 사고의
위대한 힘

HARVARD'S
4:30 A.M.

내 안의 창의력을 찾아라

인간의 능력 중 으뜸은 창의력이다. 창의력이 없다면
우리는 영원히 같은 방식만 반복하며 살아갈 것이다.

하버드의 제24대 총장 나단 퍼시Nathan Pussy는 말했다.

"일류 인재와 삼류 인재를 구분하는 기준은 '창의력'이다."

하버드는 창의력 교육을 중시한다. 하버드 심리학과의 가오
젠高健 교수는 저서《기업가와 창의력》에서 인간의 두뇌를 생각
하는 습관에 따라 좌뇌형, 우뇌형, 전뇌형으로 나누었다. 좌뇌는
수학적 분석과 논리적 사고 및 언어적 기교를 담당하는 반면, 우
뇌는 정보를 종합하거나 영감·직관·생각 등을 관장한다. 그래
서 좌뇌형은 일을 계획하고 조직하는 데 매우 뛰어나고, 우뇌형
은 풍부한 상상력을 발휘하는 데 능하다. 한편, 전뇌형은 우뇌와
좌뇌 모두 발달한 유형이다.

가오젠 교수는 개개인의 유형을 판단하고자 여러 방법을 사
용했는데, 그중 가장 직접적인 것이 바로 설문이다. 성격, 사고
방식, 전공, 취미, 흥미 등의 내용을 구체적으로 설문지에 넣어
개개인의 유형을 측정하는 것이다. 설문을 통해 자신이 어떤 유

형인지 알면 노력에 효율을 더할 수 있다. 물론 정해진 유형에서 평생 벗어날 수 없는 건 아니다. 좌뇌와 우뇌의 차이에 따른 약점이 있더라도 이를 극복하려 계속 노력한다면 우수한 전뇌형 인재로 거듭날 수 있다. 즉, 사람마다 두뇌의 특징이 모두 다른 것은 매우 자연스러운 현상이지만 두뇌 유형은 바꿀 수 있다는 것이다. 이는 많은 연구로 이미 증명되었는데, 다만 우뇌형이 좌뇌형에 가까워지는 것보다 좌뇌형이 우뇌형에 가까워지는 것이 좀 더 쉽다고 한다. 이는 좌뇌가 우뇌보다 더 많은 기능을 가졌기 때문이다. 상대적으로 한가한 우뇌형에 가까워지는 건 뇌 입장에서는 일종의 휴식이다. 반대로 우뇌형이 좌뇌형의 기능과 지식을 갖추려면 더 큰 노력이 필요하다.

전뇌형의 활동은 준비, 시작, 깨달음, 검증, 응용의 5단계를 거친다. 창조적 활동을 할 때 좌뇌와 우뇌는 매우 밀접하게 협력하는데, 이때 좌뇌가 더 많은 일을 처리한다. 정보처리를 준비하는 단계에서는 할 일이 무척 많다. 먼저 과제와 과제의 성질을 확인한 후 좌뇌가 정보처리 준비를 하고, 과제와 관련된 내용을 하나하나 소화한 다음 모든 정보를 종합한다. 준비 과정이 끝나면 뇌는 한층 뚜렷하게 사고할 수 있게 되는데, 이때 과제를 분석한다. 그다음 검증 과정이 시작되면 우뇌가 떠올린 모든 구상을 좌뇌에서 분석하고 구상의 실현 가능성을 점검한다. 바로 이때가 실질적으로 문제를 해결하는 단계이기도 하다.

하버드는 이러한 일련의 과정을 염두에 두고 학생들이 좀 더 혁신적으로 실질적인 결과물을 만들 수 있도록 1983년부터 기존의 교수 주도형 강의 방식을 학생 주도형으로 바꿨다.

4:30.A.M 하버드 MBA 과정에서는 학생들이 경영하는 소형 기업이 많이 세워진다. 그러다 보니 하버드에서는 운동 클래스, 학생 여행사, 냉장고나 자동응답기, 세탁실 등 교내 주요 서비스 업무를 학생들이 운영한다. 또한 하버드의 〈신입생 안내〉, 〈하버드 MBA 연감〉, 〈학생 주소록〉 등의 다양한 소책자도 모두 학생들이 편집하고 발행한다. 매년 2월, 새로운 한 해의 업무를 맡아보고 싶은 학생들이 각자 팀을 꾸린다. 이들이 자체적으로 기획을 거쳐 경영 방안을 작성하고 상세한 예산을 짜면 MBA 과정의 교내사업권위원회가 각 팀이 보낸 경영 방안을 꼼꼼히 검토한 뒤 가장 적당한 팀에게 교내 사업권을 부여한다.

기존의 서비스 외에도 참신한 아이디어가 있다면 마찬가지로 위원회의 검토를 거쳐 새로운 사업을 시작할 수 있다. 사업으로 얻는 이윤은 모두 학생들에게 돌아간다. 예컨대 세탁실 경영 수익은 매년 7,000달러, 〈신입생 안내〉의 발행 수익은 20,000달러선이다. 이처럼 하버드생들은 소형 기업 운영으로 경영 경험을 쌓고 능력을 키움과 동시에 쏠쏠한 수입까지 얻고 있다.

성공하려면 상상력을 자유자재로 활용해야 한다. 하버드 MBA 학생들의 사례에서 보듯, 혁신적인 생각은 즐거움과 더불어 성공을 가져다준다. 눈앞에 길이 보이지 않는 까닭은 신에게 받은 창조력을 제대로 쓰지 못했기 때문이다. 창조력을 발휘하면 새로운 성공의 길을 닦을 수 있다.

성공학의 대가 나폴레온 힐은 말했다.

"창의력은 특별한 것도 아니고, 남달리 똑똑한 사람들에게만 있는 것도 아니다."

규범에서 벗어나 자기 생각을 마음껏 발휘할 용기만 있다면 아무리 작은 아이디어라도 엄청난 성과를 가져올 수 있다. 머릿속에서 반짝이는 생각을 절대 놓치지 마라. 그것이 성공의 키가 될 수도 있으니까.

루스벨트 전 미국 대통령은 말했다.

"행복은 돈에서만 비롯되는 것이 아닙니다. 행복은 성공에서 오는 기쁨과 창조력의 무한한 매력 속에도 들어 있습니다."

정해진 틀이나 다른 이의 말을 무조건 따라서는 안 된다. 반드시 선배들의 방식대로 일할 필요는 없다. 그 누구도 우리의 생각을 가로막을 수 없다. 지난날의 전통과 경험은 과감히 버리고 자신에게 맞는 새로운 길을 찾아야 한다. 신이 우리에게 부여한 창조력을 거침없이 발휘할 때 성공으로 가는 문이 활짝 열릴 것이다.

생각의 속박 풀기

창조적 활동이 변변찮은 이유는 창조력이 부족하거나 머리가 똑똑하지 않기 때문이 아니라, 너무 많은 것에 속박당해 있기 때문이다. 누구나 상상력과 창조력을 갖고 태어나지만, 대개 자라면서 외부환경과 정해진 지식에 얽매인다. 이것들은 계속 '모난 돌이 정 맞는다'고 속삭이는데, 가스라이팅을 당하듯 결국 정해진 규칙 안에서 행동하게 된다. 그래서 창조력이 죽어버리는 것이다.

죽은 창조력을 되살리려면, 끊임없이 깊이 생각하며 열심히 두뇌를 굴려야 한다. 주변의 난제들, 그것들을 나만의 지식으로 풀고자 한다면 다른 이들이 제시하는 해결 방법은 과감히 제쳐야 한다.

새로운 길을 찾을 때 우리 안의 사고력과 창의력을 믿자. 사고하고 적극적으로 창조하면 어떤 문제든 해결할 수 있다. 주도적으로 문제해결력을 기를 때, 창조력 또한 업그레이드될 것이다. 상상력의 날개를 활짝 펼치면 나의 삶은 물론 세상 또한 바꿀 수 있다.

나만의 공부를 하라

아무것도 모르면서
늘 자신이 옳다고 생각하는 미련에서 벗어나라.

'사람마다 품은 생각, 능력에는 모두 독특한 개성이 있다. 그러므로 자신 있게 목소리를 내라. 그리하면 그 누구에게도 없는 소리를 낼 수 있을 것이다. 그러면 전 세계가 우리의 개성을 느끼게 될 것이다.'

이는 개성에 관한 하버드의 명언으로, 자기 개성을 드러내며 주도적으로 살라는 삶의 지침이기도 하다. 특별한 인생을 살고 싶다면 반드시 이런 마인드로 행동해야 한다.

개성은 우리에게 독립된 생각과 의식을 불어넣고 남들을 따라가는 대신 자신만의 학습을 통해 풍부한 지식과 경험을 쌓게 한다.

그렇다면 학습의 성공 여부는 무엇으로 갈릴까? 바로 학습 태도다. 부정적이고 수동적이기만 한 사람은 자신만의 개성 있는 지식을 얻기 어렵다. 물론 다른 사람들이 정리한 기존의 경험과 이론은 배우고 참고할 가치가 있다. 하지만 이는 어디까지나 '남들의 지식'일 뿐이다. 우리의 목표는 그것들을 아는 데 그치지 않고, 이를 응용하고 발전시켜 '나만의 새로운 지식'으로 정리하는 것이다. 이를 위해 필요한 것이 긍정적이고 주도적인 학습 태도다.

공부란 꿈꾸는 바를 현실화하는 과정이다. 따라서 공부는 좋은 태도를 가지고 직관적으로 순수하게 해야 한다. 이러한 태도는 바다의 등불처럼 올바른 방향으로 나아가도록 잡아주고, 순조롭게 성공의 해안에 도착하도록 해준다.

누구나 공부를 좋아하고 또 잘하길 바랄 것이다. 길은 하나다. 학습 태도를 적극적으로 바꾸는 것이다. 다만, 배움 앞에서는 겸손해야 한다. 겸손한 태도를 지녀야 지식을 더 많이 쌓을 수 있다.

종종 배움 앞에서 자만하는 이들을 보는데, 참으로 안타깝다. 그들은 다른 이의 충고를 듣지 않고 언제나 자기중심적이며 자기만 옳다고 생각한다. 이미 충분한 지식을 가졌다는 착각 속에 빠진 채 남들의 생각에 고개를 가로젓고 논쟁만 일삼는다. 이런 오만한 태도는 결국 철저한 고립을 부른다. 잘못된 자부심 때문에 인생을 망치게 되는 것이다.

반면, 배움 앞에서 겸손한 사람은 열린 자세를 견지하며 끊임없이 노력한다. 그들은 처음에는 별 볼 일 없는 존재였으나 겸손한 태도로 지식을 탐구하기에 금방 두각을 드러내고, 종국에는 그 지식으로 일가를 이룬다. 겸손한 태도 덕분에 인생을 살리게 되는 것이다.

여기서 겸손해야 한다는 것이 무비판적으로 남들에게 배우기만 해야 한다는 의미는 아니다. 겸손은 지식을 배우는 올바른 태도이지, 사대주의적 자기 비하가 아니다. 혹 재능과 능력이 남들보다 못하다고 해서 자포자기해서는 절대 안 된다. 그래서 놓치지 말아야 할 것이 자신감이다. 자신감은 바람직한 학습 태도를 유지하게 한다. 또한 사물을 정확히 판단하고 독립적으로 생각할 수 있도록 도와준다. 따라서 공부하기에 앞서 자신감을 가져야 한다. 그러지 않으면 자신의 참모습을 찾지 못해서 자신감 있게 가슴을 펴고 지식을 향해 나아갈 수 없다.

또 하나, 독립적으로 학습해야 한다. 독립적인 사람이 되면 더 이상 남들의 발자국만 따라다니지 않게 된다. 이런 사람이 일정한 지식을 얻으면 그 지식을 활용해서 독립적으로 문제를 해결할뿐더러 각종 과업을 주도적으로 완성할 수 있다. 즉 독립적인 학습 태도는 우리를 더욱 빠르고 올바르게 성장할 수 있도록 하며, 독립적인 학습 정신은 우리의 두뇌를 자극한다. 자신만의 사고와 이론은 이를 바탕으로 할 때 가능하다. 따라서 독립적인 학습은 다른 태도 못지않게 중요하다. 한편, 독립성과 자신감은 형제라고 볼 수 있는데 자신감을 가져야 독립성을 유지할 수 있고, 독립성을 갖춰야 자신감을 키울 수 있기 때문이다. 이 둘이 균형 있게 결합하면 지식의 바다에서 유영할 수 있게 되어 생각도 훨씬 자유롭게 발전한다.

겸손, 자신감, 독립성을 바탕으로 한 학습 태도 외에도 더 손꼽자면 자기 주도적 학습 태도, 숙고하는 학습 태도, 실천하는 학습 태도 등이다. 모두 공부의 효율을 배가하는 학습 태도로,

진리에 이르는 나만의 길을 밝혀준다.

4:30 A.M. 하버드를 방문하면 독특한 점을 느낄 수 있는데, 그것은 교수들이 강단에서 자신의 관점과 생각을 주입하는 모습을 찾아볼 수 없다는 거다. 자신의 생각과 관점을 이야기하는 것은 모두 학생들이다.

하버드 교수들은 게으른 걸까? 물론 그렇지 않다. 하버드 교수들은 모두 우수한 학자이자 전문가로서, 매년 새로운 주제를 놓고 치열히 연구하며 각종 이론을 계속 발전시킨다. 하버드의 자긍심은 우수한 학생들뿐만 아니라 사상과 정신적으로 독립된 학자들이 강단을 잡고 있다는 데서 비롯된다. 그렇다면 교수들이 너무 바쁜 걸까? 확실히 하버드 교수들의 업무량은 엄청나다. 세계에서 내로라하는 우수한 학생들을 올바르게 이끌려면 끊임없이 공부하고 연구해야 하니까 말이다.

하버드 교수들이 되도록 관여하지 않는 진짜 이유는 학생들에게 올바른 태도를 길러주기 위해서다. 강의 시간에 교수는 내일의 과제를 간단히 설명한다. 물론 필기해 오는 것이 아니라 생각해 오는 과제다. 학생들은 강의가 끝나면 도서관으로 가 관련 자료들을 찾아 모으고, 자료들을 정리 분석하여 자기 생각과 취합한다. 이것을 묶어서 다음 강의 시간에 자신의 관점과 주장으로 펼치는 것이다. 학생들의 발언에 대한 핵심을 짚고 요점을 일깨우는 것, 교수는 그 역할을 한다.

언뜻 보기엔 매우 단순한 강의 시간 같지만, 여기에는 모든 지적 활동이 응축되어 있다. 이 안에서 하버드생들은 자기 주도적인 학습 태도, 적극적이면서 독립적인 학습 태도, 진지하고 치열한 학습 태도를 체화한다. 이러한 태도가 평생에 걸쳐 유지되기 때문에 하버드 출신들은 언제나 뛰어난 것이다.

상상력이 세상을 뒤집는다

창조하는 사람이야말로
진정으로 즐길 줄 아는 사람이다.

매일 나무 아래서 노는 달팽이 한 마리가 있었다. 태양이 뜨겁게 내리쬐는 어느 날, 달팽이는 문득 나무 위로 올라가고 싶다는 생각을 했다. 그래서 나무줄기를 타고 기어올라 모험을 떠났다. 달팽이는 빠르게 오르기도, 천천히 오르기도 하면서 한 번씩 고개를 돌려 주변의 풍경을 보거나 위험 요소는 없는지 확인했다. 그러다 해가 완전히 넘어가 주변이 어두워져서야 나무 꼭대기에 도착했고, 가장 높은 나뭇가지 위에서 잠이 들었다.

이튿날 새벽, 태양이 떠오르자 달팽이는 눈을 뜨고 집으로 돌아갈 준비를 했다. 이번에는 위에서 아래로 기어가야 했다. 달팽이는 어제 남겨둔 '흔적'을 따라 역시 빠르게 내려가기도, 천천히 내려가기도 했다. 올라갈 때처럼 때로는 잠시 멈춰 서서 쉬거나 수액을 마시기도 했다. 내려가는 것은 올라가는 것보다 훨씬 수월했고, 태양이 지기 전에 집에 돌아올 수 있었다. 집은 달팽이가 처음에 출발한 곳이기도 했다.

여기서 문제를 하나 내보겠다. 달팽이가 올라갔다 내려오는 과정에서 같은 시간에 지나간 지점, 즉 달팽이가 첫날에 지나간 어느 지점을 다음 날 같은 시간에 지나갈 수 있었을까?

힌트를 하나 주자면, 이 문제를 해결하려면 상상력을 발휘해야 한다. 달팽이가 나무를 기어가는 장면을 머릿속에 떠올린 다음 달팽이가 기어가는 속도와 시간, 거리를 분석하면 답을 찾을 수 있다.

이 문제를 푸는 방식은 비교적 과학적일 수 있다. 우리는 초등학생 때부터 이런 식의 수학 응용문제를 접해왔다. 그런데 만약 내가 빠르고 직관적인 답을 요구한다면 어떨까? 이때 우리의 뇌는 매우 빠르게 움직이겠지만, 쉬운 문제가 아니므로 순간 당황할 수도 있다.

반면 어린이들은 쉽게 답을 생각해낸다. 정답은 바로 '전날 달팽이가 멈춰 서서 휴식을 취한 곳'이다. 누군가는 그럴 확률이 너무 낮다며 의아해하겠지만, 정말 그럴 가능성이 없을까?

이튿날 달팽이는 첫날 자신의 체액이 남긴 '흔적'을 따라 집으로 돌아갔기 때문에 첫날 풍경을 감상했던 곳을 알 수 있었을 것이다. 경치가 그토록 좋은 곳이니 다시 한번 멈추고 쉬었을 수도 있다. 그 지점을 정확히 같은 시간에 지났을 리가 없다는 고정관념만 깨면 정확히 똑같은 시간이 걸렸을 가능성이 가장 크다.

이처럼 간단한 문제지만 많은 사람이 정답을 얼른 말하지 못하는 이유는 자라면서 상상력에 이런저런 구속을 받기 때문이다. 생각해야 할 것이 늘어나면서 우리의 사고력은 높아졌지만,

바로 이 사고력이 상상력을 억눌렀기 때문에 우리도 새장 속에 갇혀버린 것이다.

일상에서 우리는 수많은 문제를 만나는데 이것들은 달팽이가 나무를 기어오르는 문제처럼 구체적인 수치가 없기에 해결하지 못하고 끙끙댄다. 이런 상황이 빚어지는 이유는 우리가 상상력을 완전히 억압한 채 기계적이고 습관적인 사고방식대로만 문제를 분석하고 해결하려 하기 때문이다. 사실, 상상력만 잘 발휘한다면 모든 문제는 영감을 받는 순간 해결할 수 있다.

하버드의 한 심리학 시간에 교수가 학생들에게 들려준 이야기를 살펴보자.

4:30 A.M. 어느 동네에 '거짓말쟁이'라는 오명이 붙은 한 소년이 있었다. 그 소년은 늘 다른 이들이 믿지 못할 기상천외한 말들을 했기 때문이다.

하루는 이 소년이 학교 친구와 함께 집으로 가던 길에 작은 돌멩이를 발견했다. 소년은 돌멩이를 집어 들어 자세히 들여다본 다음 소리를 지르며 친구들에게 대단한 보석을 발견했다고 말했다. 그 돌을 살펴본 친구들은 "말도 안 돼!" 하고는 가버렸다.

선생님의 질문에도 소년은 늘 아이들과는 다른 대답을 하곤 했다. 소년이 수업을 열심히 듣지 않는다고 생각한 선생님은 말도 안 듣고 거짓말하기 좋아하는 나쁜 아이라고 생각해서 자주 혼냈다. 그뿐만 아니라 소년의 아버지에게 소년이 학교에서 어떻게 지내는지 말해주었다. 아버지가 아들의 거짓말하는 버릇을 고치길 바라면서 말이다. 그러나 소년을 자세히 관찰한 아버지는 아들이 거짓말쟁이가 아니라 그저 상상하기를 좋아할 뿐이라는 사실을 알아차렸다.

하루는 밖에서 놀던 소년이 동전 하나를 주웠다. 소년은 동전을 자세히 보더니 누나에게 고대 로마 시대의 동전이라고 말했다. 누나가 동전을 살펴보았지만 그건 그저 오래된 보통 동전일 뿐이었다. 화가 난 누나가 아버지에게 가 일러바쳤다. 동생이 두 번 다시 거짓말을 하지 못하도록 따끔하게 혼내길 바라면서 말이다. 하지만 아버지는 꾸중 대신 소년의 머리를 쓰다듬으며 말했다.

"애야, 넌 상상력이 정말 풍부하구나."

사람들은 아버지가 소년을 왜 감싸는지 이해하지 못했다. 사람들은 아버지가 소년을 예뻐하기만 하니 못된 버릇이 생긴 거라며, 소년이 이다음에 더 큰 거짓말쟁이가 될 거라고 했다. 하지만 아버지는 이런 반응에 아랑곳하지 않고 소년이 '거짓말'을 할 때마다 칭찬해주었다.

과연 소년은 장성하여 정말 거짓말을 밥 먹듯이 하는 나쁜 사기꾼이 되었을까? 훗날 소년은 역사에 남을 위대한 과학자가 되었다. 그는 바로 찰스 다윈Charles Robert Darwin이다.

다윈이 내놓은 '진화론'은 풍부한 상상력과 수많은 실례의 산물이다. 어린 시절에 다윈이 다른 아이들과 똑같은 천편일률적인 생각을 하고 자신만의 상상력을 키우지 못했다면 지금의 진화론은 꿈도 꾸지 못했을 것이다. 이렇듯 혁신적인 인재에게 필요한 것 중 하나가 바로 뛰어난 상상력이다. 상상력이 부족한 사람은 흔한 결과물을 낼 뿐 특별한 성공을 끌어내기란 어렵다.

어린아이처럼 생각하기

하버드에서는 남과 다른 상상력을 가치 있는 것으로 평가한다. 풍부한 상상력을 지닌 하버드생들은 가장 앞선 교육을 받으면서도 기존 이론이나 교육의 제약을 받지 않는다. 오히려 그들은 예술 창작이나 이론 연구를 하면서 자신만의 독특한 방식을 찾아 새로운 관점과 주장을 자유롭게 펼치는 것을 권장받는다.

우리는 모두 상상력을 갖고 태어났다. 하지만 이 신의 선물을 우리는 자라면서 서서히 잊어버린다. 그러니 상상력을 발휘하라는 말보다는 상상력을 되찾으라는 말이 더 일리가 있겠다.

그토록 순수했던 어린 시절, 그때처럼 마음껏 자유롭게 상상해보자. 상상력은 우리의 창조력을 자극하는 동시에 시야를 넓히고 생각을 풍부하게 한다.

이제 더는 속박받지 말고 상상력의 고삐를 스스로 풀자. 어린아이처럼 이리저리 뜀박질하고 해맑게 웃으며 성공의 모든 기회를 열린 마음으로 받아내자.

정답은 다양하고 길은 얼마든지 있다

천재성이란 색다른 방식으로
사물을 보는 능력에 불과하다.

'하나뿐인 정답을 찾으시오.'

이런 문항을 볼라치면 골치가 아파진다. 정답을 찾으려면 머리를 쥐어짜야 하기 때문이다. 그러나 '정답은 하나가 아니다'라는 전제가 붙은 문항이라면 마구 흥분되면서 마치 하늘을 날듯 이런저런 답을 찾아내기 시작한다. 물론 그중에는 오답도 많지만, 어찌 됐든 우리는 적극적으로 생각한다. 왜 이런 현상이 빚어지는 것일까? 이는 다양한 정답이 우리의 상상력을 자극하고 창조력을 발휘하도록 하기 때문이다. 여러 개의 답을 찾아내는 것이 끙끙대며 하나뿐인 정답을 생각해내는 것보다 압박이 한결 덜하다.

역사의 수레바퀴가 쉼 없이 돌아가는 동안 창조력을 지닌 수많은 이가 뛰어난 재능과 노력으로 세계를 바꾸었다. 천지를 창조했다는 반고盤古가 하늘과 땅을 갈랐을 때 세상은 혼돈으로 가득했지만, 오늘날의 지구는 활기가 넘친다. 자연 속에 존재하는 생물뿐만 아니라 인류가 만들어낸 수많은 창조물도 공존한다. 그것들은 인간의 재능과 창조력을 보여준다. 오늘날 물방울 모양을 본뜬 워터큐브 등은 현대인의 풍부한 연상 능력을 보여준다.

지금 어떤 이는 깊이 잠들어 있는 반면, 어떤 이는 자기 생각을 발현하며 끊임없이 나아간다. '독특한 부류'처럼 보이는 이들은 자신의 똑똑한 두뇌를 이용해 시간과 세상 이치에 맞선다. 이는 시간이 흐르면서 이런저런 환경적 요인들이 시시각각 우리의 두뇌를 녹슬게 하고 상상력과 창조력을 갉아먹기 때문이다.

수많은 위인도 이렇게 '막다른 길'에 부딪혔지만 포기하지 않았다. 그들은 창조력을 발휘하여 새로운 길을 찾아냈고, 그렇게 찾아낸 길은 그들을 찬란한 성공으로 끌어주었다.

중국계 미국인 건축가 페이Ieoh Ming Pei는 하버드에서 건축학을 전공했다. '마지막 모더니즘 건축가'라고 불리는 그는 추상적인 건축물로 사람들에게 감동을 선사했다. '실천형 건축가'라고 불리기도 하는 그의 작품을 보면 그 뛰어난 상상력과 창조력에 감탄하지 않을 수 없다. 이 모든 것은 자신의 잠재력을 깨우고 발전시키려 노력한 덕분이다.

하버드에서 건축학을 공부하던 시절, 교수들은 세계적으로 유명한 건축물들이 어떻게 완성되었는지에 관해서는 거의 가르치지 않았다. 그들은 대신 학생들 스스로 마음속에 있는 건축물을 설계하고 만들도록 했다. 건축물 하나하나는 생명을 갖고 있지만,

모두가 그 생명을 흔들어 깨울 수 있는 것은 아니었다.

하지만 페이는 달랐다. 그는 재학 중에 건축설계를 즐겨 했다. 물론 세계적으로 위대하다고 손꼽히는 작품들에 비하면 아이들 장난 수준에 불과했지만, 그 안에 담긴 상상력만큼은 어느 건축물에도 뒤지지 않았다. 그런 그의 작품들을 놓고 교수들은 지도와 격려를 아끼지 않았다.

"다음에 이 작품을 꼭 세워 올리게. 세상에 하나뿐인 건축물이 될 것이네."

세월이 흘러 페이는 정말로 해냈다.

교수들의 칭찬은 학생들의 상상력과 창조력을 최대로 끌어올린다. 상상력과 창조력은 불가능을 가능케 한다. 아무리 '터무니없는' 문제일지라도 반드시 해결책을 불러온다. 상상력은 더욱 높이 날게 만들고, 창조력은 더욱 오래 날 수 있도록 만든다.

하버드생들은 정답이 하나뿐이라는 말과 막다른 길의 존재를 믿지 않는다. 무궁무진한 상상력과 창조력을 발휘하면 언제나 길은 있기 때문이다.

평범한 일상이 비범한 아이디어의 보고다

창조적인 사람들은 정해진 삶을 원하지 않는다.
그들은 지금 있는 것으로 당장 문제를 해결하기보다
최적의 방법을 상상해내려고 기다린다.

과학자, 발명가 들이 만들어낸 걸작을 바라보며 우리는 이런 장면을 떠올리기 십상이다. 고가의 최첨단 장비가 가득한 연구실에서 몰두하는 그들의 모습을 말이다. 하지만 실제로는 딱히 그렇지 않다. 그들은 연구실에 틀어박힌 채 어떤 물건을 발명할지 고민하지 않는다. 모든 발명의 아이디어는 일상에 숨어 있고, 그렇게 일상의 아이디어로 탄생한 발명품은 다시 일상에서 사용된다.

4:30 A.M. 군인 출신의 한 유명 사업가가 있었다. 그는 제대 후 병원에서 치료받던 중, 무료함을 달래기 위해 책 한 권을 집어 들었다. 책 속에는 엄청난 부를 축적한 사람들의 이야기가 실려 있었다. 관심을 가지고 읽어 내려간 그는 마치 부자가 되는 비밀을 찾아낸 듯하여 흥분했다.

그는 병원 침대에서 상상하기 시작했다. 생각이란 신기한 것이어서, 생각하면 할수록 날개가 돋친 듯 더 커다란 상상으로 뻗어 나갔다. 상상 속에서 그는 요양원을 짓고, 광고 회사를 세우고, 정보센터를 건립했다. 이런 생각들은 그를 무척 기쁘게 만들었지만, 얼굴에 가득하던 미소는 곧 사라졌다.

'내가 생각해낸 아이디어들은 하나같이 날 성공시킬 만한 것들이야. 하지만 그 아이디어를 실제로 펼칠 자본이 없잖아.'

지금껏 해온 생각들이 공허하게 느껴진 순간 풀이 죽었지만, 그는 자신의 상상을 현실화하고 싶다는 생각을 포기하지는 않았다. 그는 작은 일을 통해서 자본을 모을 생각을 해보았다. 하지만 며칠 동안 열심히 궁리했지만, 가만히 누워서는 별다른 소득이 있을 리 없었다.

어느 날, 간호사가 깨끗이 세탁한 셔츠를 가져다주었다. 그는 간호사에게 "고마워요"라고 말하고는 또다시 성공의 꿈을 꾸었다. 그 순간 그의 머릿속에 느낌표 하나가 번쩍 빛을 발했다. 셔츠 안에 끼워진 종이가 기발한 아이디어로 다가온 것이다. 세탁소에서는 구김을 방지하고 옷의 형태를 유지하기 위해 옷 속에 두꺼운 종이를 끼워 넣는다. 그는 그 종이 위에 광고를 넣어서 광고비를 받으면 어떨까, 생각했고 즉시 실행에 옮겼다.

그렇게 그는 조금씩 돈을 모아 사업을 확장했다. 훗날 그는 크게 성공한 사업가가 되었고 엄청난 돈을 벌어들였다.

실제 생활과 동떨어진 생각, 이른바 공상은 아무런 쓸모가 없다. 오히려 평범한 일상에서 영감을 찾고 생각해야 쓸모가 있다.

많은 아이디어와 영감은 어느 날 갑자기 생겨난 것이 아니라 과학자, 발명가 들의 상상력과 창조력에서 비롯되었다. 누구에게나 아이디어는 있다. 그것을 꽉 움켜쥘 수만 있다면 누구나 성공하게 될 것이다.

하버드 MBA는 수많은 사람이 꿈꾸는 곳이다. 이른바 '부자를 만들어내는 학교'이기 때문이다. 확실히 MBA 졸업생들은 많은 재산을 모으지만, 그것은 MBA에서 대단한 지식을 배우기 때문이 아니다. 그들이 배우는 것은 의외로 단순하다. 바로 '모든 아이디어는 평범한 일상에서 나온다'는 사실이다. MBA의 학생들이 좋아하는 이야기가 있다.

존스는 작은 농장을 가진 농부였다. 그는 식구들 입에 간신히 풀칠이나 할 만큼의 작은 땅을 갖고 있었다. 어느 날, 잠에서 깨어난 그에게 전신마비가 왔다. 몸을 움직일 수 없게 된 그는 온종일 침대 위에 누워 있어야 했다. 주변 사람들은 모두 그에게 큰 불행이 닥쳤으며, 이제 아무것도 할 수 없을 거라고 생각했다. 그러나 그는 절망하지 않았다. 몇날 며칠 곰곰이 생각한 끝에 그는 가족들을 불렀다.

"먼저 밭에 옥수수를 심고, 옥수수가 익으면 돼지를 풀어 길러라. 그리고 옥수수를 먹고 자란 돼지가 다 크지 않았을 때 잡아서 소시지를 만들어 팔아라."

가족들은 그의 말대로 했고, 얼마 뒤 많은 돈을 벌었다.

이 현명한 농부가 생각해낸 것은 바로 '선순환'이었다.

'새끼 돼지를 밭에서 키운다. 돼지의 배설물은 자연스럽게 비료가 된다. 이듬해에 옥수수 농사가 더욱 잘된다. 많이 열린 옥수수로 더 많은 돼지를 키운다. 더 많은 돼지로 더욱 많은 소시지를 만들어 판다.'

일상에서 새로운 아이디어 끌어내기

신비한 절경이 펼쳐진 곳에 있어야만 특별한 생각이 떠오르는
건 아니다. 평상시 일상의 모든 걸 유심히 바라보다 보면 어느 순
간 번뜩이는 생각 하나가 빛을 발할 수 있다. 같은 맥락으로, 하버
드 MBA 과정을 밟는 학생들만 풍부한 상상력과 창조력을 지닌
것은 아니다. 온몸이 마비되어 침대 신세를 져야 했던 농부도 뛰
어난 상상력을 발휘했듯, 누구나 기발한 상상을 할 수 있다.

성공하려면 우리 안에 숨어 있는 능력을 흔들어 깨워야 한다.
상상력을 발휘하고, 뇌리를 스치는 아이디어와 영감을 잡아내는
것은 성공을 결정하는 요소 중 하나다.

성공을 원한다면 끊임없이 생각하고 그것을 실천해야 한다. 세
탁소의 구김 방지용 종이 덕분에 부자가 된 사업가와 선순환의 아
이디어로 성공한 농부 모두 생각을 현실로 옮겼기에 성공할 수 있
었다. 이제 우리 또한 상상력과 창조력을 발휘하고 실질적인 행동
으로 생각의 가치를 증명해보자.

고정관념에서 걸어 나와라

진정으로 창조적인 사람은 자신을 속박하는
모든 것에서 벗어날 수 있다.

누구나 혁신할 능력을 갖고 태어난다. 하지만 많은 이가 이를
제대로 활용하지 못한다. 대개 활용해야 한다는 의식 자체가 부
족하다. 우리 안에 존재하는 창의력을 활용하지 못하면 고정관
념에서 벗어날 수 없다. 전통적인 생각에 얽매였다면 많은 일을
시도하더라도 결국 평범한 수준에 머무르거나, 그런 결과가 반
복되어 실패할 가능성이 크다.

4:30 A.M.   냉장고가 없던 시절, 크레인이라는 이름을 가진 평범한
사업가가 있었다. 그는 초콜릿을 만들어 판매하는 작은 공방을
운영했는데, 여름마다 골치가 아팠다. 무더위로 말미암아 초콜
릿이 녹아버렸기에 상점들이 초콜릿을 들이지 않으려 한 것이
다. 그때마다 공방은 매출이 떨어져 파산 직전까지 몰렸다.
크레인은 여름에 초콜릿을 사지 않으려는 사람들에게 더위를
이겨낼 만큼 청량감 있는 사탕을 만들어 팔면 먹히리라 생각했

다. 그렇게 새로 만든 사탕은 여름 한철 날개 돋친 듯 팔려나갔다. 물론 날씨가 선선해지기 시작하면 다시 초콜릿의 매출이 올랐다. 그 덕분에 그의 공방은 사계절 내내 매출을 걱정할 필요가 없게 되었다.

혁신을 원한다면 이 크레인처럼 생각의 속박에서 벗어나야 한다. 그래야 더욱 참신한 아이디어들이 생산되고, 창의력 또한 끊임없이 발현될 수 있다. 우리가 배우는 지식은 그 자체로 어떤 기능도 발휘되지 않는다. 이러한 지식이 제 역할을 할 수 있도록 만드는 것은 바로 우리 자신이다.

급변하는 오늘날, 과학 기술은 상상을 초월하는 속도로 발전하고 있다. 이에 따라서 사람과 사람 사이의 경쟁도 나날이 치열해지는 실정이다. 이러한 상황에서 어떻게 해야 살아남을 수 있을까?

바로 지식, 기술을 이용하는 것이다. 성공하고 싶다면 창의력을 충분히 발휘하고 속박에서 벗어나 혁신을 통해 인생의 가치를 실현해야 한다. 지식이 곧 성공의 기본이 되는 지식정보 사회인 이때, 창조 정신은 엄청난 잠재력을 발휘한다. 혁신이란 지식경제가 발전하는 바탕이자 그 일부 요소이기도 하기 때문이다.

그런데 지식과 혁신은 서로 배치되는 개념처럼 보이기도 한다. 지식은 역사의 산물이고, 혁신은 역사를 만들어낼 미래 지향의 것이기 때문이다. 이런 지식도 중요하지만, 새로운 지식이 만들어지기 위해서는 창의력과 상상력이 필수적임을 간과해서는 안 된다.

다음은 하버드의 한 심리학 교수가 졸업생들에게 들려준 이야기다.

4:30 A.M. 왕이 대신들과 함께 정원을 거닐며 경치를 감상하고 있었다. 왕은 멀지 않은 곳에 있던 커다란 연못을 가리키며 문제를 냈다.

"저 연못에 물을 가득 채우면 몇 통이나 들어가겠소?"

그러자 대신들은 서로의 얼굴만 쳐다보며 얼른 대답하지 못했다. 그것을 본 왕은 기분이 상했다.

"그대들은 하나같이 책을 많이 읽었는데 어째서 이렇게 쉬운 문제 하나도 맞히지 못한단 말이오?"

대신들은 부끄러워했고, 왕은 사흘 내에 답을 가져오지 않으면 벌을 내리겠다고 말했다.

사흘은 순식간에 지나갔지만, 대신들은 문제의 답을 찾아내지 못했다. 그런데 왕이 약속대로 대신들에게 벌을 내리려고 할 때 정원지기의 어린 아들이 나왔다. 이 일곱 살짜리 어린아이는 왕의 문제를 듣고는 "너무 쉬운 문제네요" 하고는 답을 내놓았다.

"연못과 크기가 같은 통이 있다면 한 통이면 되고, 연못 절반 크기의 통이라면 두통이 들어가지요."

그 말을 들은 왕은 크게 기뻐했고, 평소 학식이 높다고 자부하던 대신들은 고개를 들지 못했다.

217

하버드 교수가 졸업을 앞둔 학생들에게 이런 이야기를 들려준 것은 사회에 나가서도 대신들처럼 생각의 틀에 갇히지 않기를 바랐기 때문이다. 상상력과 창의력을 잃지 않는다면 우리는 늘 더 좋은 방법을 생각해낼 수 있다.

날개 없이 하늘을 나는 법

인생이 여행이라면 생각은 지도다.
지도가 없다면 어디에도 갈 수 없다.

"비행기는 누가 발명했나요?" 하는 질문에 누구나 바로 "라이트 형제요!" 라고 답할 것이다. 다시 "그들은 왜 비행기를 발명했나요?" 하고 묻는다면 많은 이가 고개를 갸우뚱할 것이다.

그런데 답은 매우 간단하다. 그들은 하늘을 날고 싶었기 때문이다. 사람은 새처럼 날개가 없기에 하늘을 날려면 반드시 외부의 힘을 빌려야 한다. 그렇다면 어떻게 외부의 힘을 사용할 수 있을까? 이것이 바로 우리의 생각과 창의력이 필요한 부분이며, 또한 용기를 가지고 끊임없이 탐구해야 하는 문제다.

생각과 창의력이 부족한 사람은 기계와 같다. 정확한 기계도 조종하는 사람이 부족하면 정상적으로 움직이지 않듯, 사람도 생각과 창의력이 없으면 활동이 제한된다. 그렇기에 우리가 가진 생각의 높이에 따라 도달할 수 있는 지점의 높이가 달라지는 것이다. 인류는 하늘로 올라가는 꿈을 꾸었고, 기어코 유인 우주선을 만들어 사람을 달에 보냈다. 이렇듯 꿈이 있다면 실현하지 못할 일은 없다. 반대로, 꿈 없이 옛것만 움켜쥐고 있는 사람은 그나마 있던 힘마저 잃어버리고 만다.

한 농부가 기러기의 알 하나를 주웠다. 농부는 알을 닭 장에 넣어 함께 부화시켰고, 부화한 새끼 기러기는 병아리들과 함께 살게 되었다. 새끼 기러기는 점점 덩치가 커졌지만, 날 줄을 몰랐다. 농부가 새끼 기러기를 손 위에 올려 날려보려 했지 만, 새끼 기러기는 병아리들처럼 날개만 몇 번 퍼덕이다가 바닥에 내려앉았다. 농부는 한숨을 쉬었다. 새끼 기러기는 애초에 날려는 마음이 없었던 것이다.

이 얼마나 안타까운 일인가? 생각이 부족하면 날 수 있는 날 개가 있어도 날지 못하는 꼴이 된다. 우리가 마냥 이 자리에 머물러 있으려 한다면 운명을 바꾸지 못한 채 절대 빛나는 내일을 맞이할 수 없을 것이다. 이 세상의 수많은 실패자는 치명적인 결 함을 갖고 있다. 바로 정해진 규범만을 지키며 절대로 변화하지 않는 것이다. 그들은 생각과 행동이 정해진 틀에서 벗어나지 않 기에 진보도 발전도 없다.

하버드대 심리학 교수 앨렌 랭거Ellen J. Langer는 여성 최초로 하버드 종신교수가 된 인물이다. 하버드의 교수들은 대부분 계 약직이지만 랭거는 뛰어난 업적을 인정받아 종신교수로 임명되 었다. 그녀가 다른 사람들보다 뛰어난 이유는 무엇이며, 심리학 분야에서는 또 어떤 공헌을 했을까?

랭거 교수는 다른 하버드 교수들과 마찬가지로 끊임없이 연구에 힘쓰며 학생들에게도 스승으로서 책임을 다하고자 했다. 그녀는 창의적인 활동을 좋아했는데, 특히 그림 그리기를 즐겨 했다.

어느 날, 그녀는 한 화가에게 수학하기를 청했다. 화가는 그녀에게 캔버스 몇 장을 주고는 마음 내키는 대로 그림을 그려보라고 했다. 그런데 그녀는 캔버스가 아까워서 목판 위에 그림을 그렸다. 어린 소녀가 말 위에 앉아 있는 그림이었다.

그 그림을 본 친구 하나가 감탄하며 갤러리에 전시된 그림보다 훌륭하다고 칭찬을 해주었다. 그 말을 들은 그녀는 매우 기뻐서 계속 미술 이론을 공부하며 그림을 그렸다. 그러나 정작 나중에 그린 작품들은 친구의 칭찬을 받지 못했다. 이상하다고 생각한 그녀는 자신이 처음에 그렸던 그림을 다시 보았다. 그 그림은 구도, 비례, 색조 등 결점이 너무 많아 작품이라고 부를 수 없는 수준이었다.

랭거 교수는 그제야 자신의 문제가 무엇인지 발견했다. 그녀는 처음 목판에 그림을 그리던 마음, 그 상상력과 창의력을 잃어버린 것이다. 자신은 점점 좋아지고 있다고 느꼈던 그림 실력은 사실, 기존의 미술 이론에 따라 그린 것일 뿐 거기에 그녀 자신의 창의력이나 스타일은 없었다. 순간 그녀는 수학하던 화가가 자신에게 그림 그리는 방법을 알려주지 않고서 캔버스만 주었던 까닭을 깨달았다. 화가는 그 어떤 요구도 하지 않음으로써 그녀의 창의적인 생각을 가로막지 않았던 것이다.

우리는 랭거 교수의 이야기를 듣고 기뻐해야 할까? 아니면 그녀가 이미 그림 방면의 창의력을 잃어버린 것을 안타까워해야 할까? 이 일화는 지식이 많다고 꼭 좋은 것은 아니며, 또 반드시 성공하는 것도 아님을 보여준다. 이렇듯 지식이 성공의 절대 요소는 아니다.

성공하고자 하는 마음, 간절한 꿈이 무엇보다 중요하다. 이것이 있어야 성공할 수 있다. 꿈의 힘은 무한하기 때문이다.

새로운 답 찾기 연습

날개가 있다고 반드시 날 수 있는 것은 아니다. 마찬가지로 지식이 있다고 반드시 성공하는 것은 아니다. 생각의 굴레에서 벗어나야 상상력과 창조력이 성공의 동반자로 날아오를 수 있다. 어떤 문제를 해결하려 할 때 그와 비슷한 유형의 문제와 해답을 머릿속에 떠올리는데, 이것이 바로 상상력과 창조력을 가두는 고정관념이다.

이러한 버릇을 버리려고 노력하자. 우리 안에 내재된 모든 경험과 지식을 남김없이 꺼내어 완전히 버리는 법을 배워야 한다. 그 다음에 지난날 알던 것과는 완전히 다른 새로운 답을 찾아보자. 상상력과 창조력을 적극적으로 발휘할 때 새로운 답들을 얻을 수 있고, 이것들을 통해 세상의 난제들을 해결하며 더 높이 날아오를 수 있다.

CHAPTER 7

시간관리의 달인이야말로
최고의 부자다

한 뼘의 시간도 삶이 된다

눈앞의 일분일초를 귀중히 여기고
모든 오늘을 소중히 여겨라.

하버드생들은 시간을 가장 귀중한 자원으로 생각한다. 그래서 시간 낭비를 다른 어떤 것보다 고통스러운 일로 여긴다. 단한 뼘의 시간이라도 소중한 삶의 일부이기 때문이다. 그들은 매사에 효율을 매우 중시하는 만큼, 무슨 일이든 오랫동안 질질 끌거나 미루는 것을 싫어한다. 그들처럼 시간을 생명으로 여기면서 결정한 일을 바로바로 처리한다면, 우리의 삶도 더욱 빛나지 않을까 싶다.

하버드 출신의 한 억만장자 사업가는 엄청난 성공을 거둘 수있었던 이유가 무엇인지 질문받을 때마다 이렇게 대답했다.

"지금 당장 하는 겁니다."

이 간단한 말에는 심오한 뜻이 담겨 있다. 많은 사람이 시간을 낭비하는 이유가 바로 이 말 속에 있다. 성공하는 사람들은 지금당장 시작한다. 반면, 대다수의 사람은 '기다림'이라는 포장으로 '게으름'을 싸며 시간을 낭비한다. 특정한 시기를 기다리며 '그때부터 해야지' 하면서 '그때'가 되면 좋은 기회가 찾아올 거라고 생각한다. 하지만 '그때'란 대체 언제란 말인가? 미루기만 하는 사람들은 평생토록 시간의 가치를 알지 못한다. 무엇보다 그들이 생각하는 적당한 때란 영원히 오지 않는다.

시간의 엄청난 의미를 제대로 깨달으려면 시간을 올바로 관리할 줄 알아야 한다. 시간은 매 순간 냉혹하게 우리 곁을 떠나버린다. 그 누구에게든 시간은 멈춰주는 자비를 베풀지 않는다.

벤저민 프랭클린Benjamin Franklin은 위대한 발명가이자 과학자, 정치사상가로 유명하다. 그는 하버드에서 명예학위를 받기도 했다.

어느 날, 한 청년이 벤저민에게 전화로 자신이 가진 몇 가지 문제에 대한 답을 얻고자 하니 부디 시간을 내주십사 청했다. 벤저민은 청년의 청을 흔쾌히 받아주었다.

얼마 뒤, 벤저민의 사무실로 청년이 찾아왔다. 청년은 열심히 일하는데도 도통 성과가 나지 않는 이유, 좀처럼 형편이 나아지지 않는 이유가 무엇 때문인지 벤저민에게 한바탕 물어볼 참이었다. 활짝 열린 문 안으로 들어간 청년의 시선이 이리저리 흔들렸다. 벤저민의 방에는 온갖 물건이 뒤죽박죽 난잡하게 널브러져 있었기 때문이다. 벤저민은 지저분한 방을 둘러보더니 "1분만 주게" 하고는 방문을 닫았다.

1분이 지나고 다시 방문이 열리자, 청년의 눈에 말끔히 정리된 방이 들어왔다. 탁자 위에 놓인 레드와인 두 잔에서 달콤한 향이

사방으로 퍼지고 있었다. 벤저민은 청년에게 와인 한 잔을 건네며 가볍게 건배한 다음 말했다.

"자, 이제 가도 좋네."

청년은 아직 질문조차 하지 못했다고 말하려다가 퍼뜩 깨달았다.

'아, 이게 나한테 주는 답이구나!'

청년은 벤저민에게 감사 인사를 한 다음 방을 나갔다. 훗날, 청년은 위대한 발명가가 되었다.

벤저민이 청년에게 준 답은 '1분 동안에도 많은 일을 할 수 있다!'는 사실이었다.

우리는 보통 1분을 대수롭지 않게 생각하지만, 바로 그 1분이 모여 하루가 되고 1년이 된다. 매사에 1분의 시간을 귀중하게 여긴다면 시간을 낭비하고 후회하는 일은 벌어지지 않을 것이다.

막연하게 말고, 진지하게 시간의 가치를 깨닫자. 유한한 인생을 사는 우리에게 시간은 정말로 소중한 것이다. 일분일초, 그 찰나의 시간마저도 우리 생의 한 조각임을 명심하라.

시간을 도둑맞는 사람,
시간을 최대로 써먹는 사람

우리 중 93%가 미루는 습관 때문에 결국 아무것도 이루지 못한다.
할 일을 미루면 적극성이 낮아지기 때문이다.

시간은 마치 신출귀몰한 도둑 같다. 빤히 보고 있는데도 거짓
말처럼 빠져나가니 말이다. 시간을 붙잡고 싶다면 시간이 우리
를 위해 일하도록 만들어야 한다. 보고도 못 본 척하면 시간은
우리 눈앞에서 냅다 사라질 것이다. 절대 되돌릴 수 없음은 물론
이다. 그러나 빠져나간 시간 때문에 우울해할 필요는 없다. 이
'도둑'은 하나만 있는 것이 아니기 때문이다. 앞서 놓쳐버린 경
험을 교훈 삼아 두 눈을 크게 뜨면 더 많은 '도둑'을 잡을 수 있
고, 그렇게 우리는 시간의 주인이 될 수 있다.

시간은 무자비하게 빠져나가기에 우리는 더욱 분발하여 일분
일초를 움켜잡아야 한다. 시간은 무한하지만, 우리에게 주어진
시간은 유한하다. 우리의 생명이 유한하니까 말이다. 제한적인
우리 생을 생각할 때, 우리가 가진 시간은 짧아도 너무 짧다. 따
라서 우리에게 허락된 시간을 잘 활용하여 살아 있는 동안 뭔가
를 이뤄야 한다. 쉼 없이 배우고 성장하여 꿈을 이루는 데 시간

을 온전히 써야 한다. 허송하다가 황혼기에 접어들어서야 다시 노력하려 한들 그때는 주어진 시간이 너무 없다.

하버드 출신 중 성공한 사람이 많은 이유는 하버드가 학생들에게 시간을 소중히 여기는 정신을 길러주었기 때문이다. 빠르게 흘러가는 시간을 그들처럼 잘 관리한다면, 우리의 성공도 요원하지 않을 것이다.

`4:30 A.M.` 데이비드 록펠러David Rockefeller는 세계적으로 유명한 은행가이자 기업가로, '석유왕'으로 잘 알려진 존 데이비슨 록펠러의 손자다. 데이비드는 어려서부터 집안 분위기의 영향을 받아 사색에 잠기기를 좋아했다. 또래 아이들이 신나게 놀고 있을 때 데이비드는 신문 그림을 똑같이 따라 그렸고, 조금 더 크자 책을 즐겨 읽었다. 그는 온종일 책 속에 파묻혔고 점점 더 또래의 아이들보다 지적이고 조숙한 아이가 되었다.

시간을 소중히 여기는 습관은 하버드에 들어가고 나서도 이어졌다. 학구적인 분위기가 충만한 하버드에는 수십 개의 도서관이 있었는데, 데이비드는 그곳에서 학자들이 연구한 학술과 이론을 흡수하며 쉼 없이 지식의 힘을 길러나갔다.

혹자는 그의 성공이 할아버지의 후광 덕분이라고 말하지만, 절대 그렇지 않다. 데이비드는 처음부터 은행가로 시작한 게 아닐뿐더러 할아버지와 아버지의 재산을 물려받지도 않았다. 시장의 비서로 일하고 군대에 입대하기도 한 그는 1946년이 되어서야 은행에서 일하기 시작했다. 그는 순전히 자신의 노력과 성실함으로 훌륭한 은행가가 되었다.

데이비드 록펠러는 자신의 박사논문에 이런 명언을 남겼다.

'게으름이야말로 가장 심각한 낭비다.'

데이비드는 게으름 때문에 자신의 귀중한 시간을 허투루 날리는 법이 없었다. 그는 뛰어난 은행가로서 부자가 되는 길을 아주 잘 알고 있었다. 돈과 시간의 관계를 꿰뚫어 보았던 것이다.

'시간이 돈이다.'

누구나 익히 알고 있지만, 많은 이가 이 말을 제대로 실천하지 못하고 있다.

하버드에서 시간의 가치를 중시하는 이유는 과거에 큰일을 이뤄낸 이들이 모두 시간을 귀중하게 여겼고, 한순간의 시간도 낭비하는 법이 없었음에 주목했기 때문이다. 하버드생들은 학교에 입학한 이후부터 열심히 공부하고 적극적으로 나아갈 때 성공의 문이 열린다는 것을 경험으로 배운다. 이토록 위대한 하버드의 인생철학을 하버드에서 직접 배우지 못할지라도, 그들처럼 시간을 귀중히 여기며 공부하고 적극적으로 나아가보자.

시간을 재산처럼 여기기

어떤 이들은 마치 '분신술'을 펼치듯 하루에도 많은 일을 너끈히 해낸다. 그들은 1초의 시간도 허투루 쓰지 않으며 뭔가를 해낸다. 사실, 그들 또한 우리와 다르지 않은 보통 사람들이다. 그런데 왜 우리와 그토록 천지 차이가 날까? 그들은 철저히 시간관리를 하며 계획한 대로 시간을 사용한다. 그들은 시간이 흐르는 대로 놔두지 않고 자신의 시간을 지배한다.

시간은 도둑과 같다. 조금만 방심하면 우리의 지식, 경험, 부, 건강, 생명까지 모조리 앗아 가니까 말이다. 그러니 이 도둑 같은 시간을 꽉 붙잡아서 우리를 위해 일하도록 만들자. 그러면 매일 엄청난 '재산'이 손안에 들어올 것이다. 이 '재산'은 우리를 더 지혜롭고 현명하게, 더 건강하고 아름답게 만들어줄 것이다.

시간을 버리면 시간도 나를 버린다

시간을 낭비하는 것은
가장 큰 죄악이다.

앞서 거듭 밝혔듯, 하버드에는 시간을 매우 중시하는 교육 풍토가 자리 잡혀 있다. 하버드 신입생들이 입학 후 가장 처음으로 듣는 강의가 바로 시간관리에 관한 것이다. 시간을 제대로 관리하지 못한다면 많은 시간을 헛되이 낭비하게 된다. 시간은 결코 늘어나는 법이 없으며 소중히 여기지 않으면 조금씩 줄어든다. 하버드생들은 공부와 삶에서 효율을 무척 중시한다. '효율'이란 가장 짧은 시간에 가장 많은 일을 더욱 잘해내는 것을 일컫는다. 시간을 소중히 여기는 만큼 하버드생들은 시간을 함부로 흘려보내지 않는다. 시간 자체는 아무런 의미도 없지만, 이를 사용하는 우리에게는 큰 의미가 있다. 그리고 그 의미는 시간을 대하는 우리의 자세에 의해 좌우된다. 이 같은 사실은 하버드생들의 머릿속에 단단히 각인되어 있다.

성공한 사람들은 모두 시간관리의 고수다. 그들은 시간을 신이 내린 은총이라 생각하고, 시간도 보답하듯 그들 인생의 의미와 가치를 높여준다. 반면, 실패한 사람들은 모두 시간의 노예다. 시간은 그들을 마음대로 휘두르며 타락하게 만들어 죽음으로 향하게 한다.

시간을 소중히 여기는 사람은 매일 새로운 하루에 감사하는 낙관적인 인물이다. 하루의 시간이 있기에 더욱 유의미한 일을 할 수 있기 때문이다. 반대로 시간을 낭비하는 사람은 부정적이고, 매일 새로 떠오르는 태양을 싫어한다. 새로운 하루가 어제를 밀어내기 때문이다.

당연히 시간을 소중히 여기는 사람은 다른 이들에게 꽃다발과 기립박수를 받게 되지만, 시간을 낭비하는 사람은 고통의 눈물과 끝없는 후회만 남을 뿐이다.

세상에는 두 부류의 사람이 있다. 한 부류는 빈틈없이 노력하고 계획한 일은 제때 완성하며 적절한 휴식 시간까지 가지는 이들이다. 이들은 인생을 즐기고 매일이 즐거움으로 가득하다. 또 다른 부류는 아침부터 저녁까지 쉼 없이 일하면서도 제때 끝내지 못해 야근까지 하는, 온종일 숨 돌릴 틈도 없는 이들이다. 이들은 매 순간이 고통이다. 모두 시간을 쓰고 있지만, 결과는 천지 차이다.

시간을 어떻게 대하느냐에 따라 시간이 주는 보답이 결정된다. 온종일 책을 끼고 다니면서도 제대로 읽지 않고 딴생각만 한다면 시간도 자연스럽게 당신의 자세를 감지한다. 이렇게 산만한 자세로 시간을 대한다면 시간은 당신을 위해 일분일초도 더 남기지 않고 몸을 돌려 떠나버릴 것이다. 반대로 열심히 책을 읽은 사람은 귀중한 감명을 받는다. 이게 바로 시간이 공평한 이유다. 일찌감치 시간을 포기해버리면 시간도 더 이상 그 사람을 소중하게 여기지 않는다.

많은 사람이 하버드를 지혜의 전당이라고 부르며 동경한다. 사실, 이러한 명성을 유지하기 위해 하버드는 스스로 계속 노력해왔다. 엄밀히 말해서 매년 수많은 학생이 하버드를 졸업하지만, 모든 졸업생이 유명한 학자나 전문가가 되는 것은 아니다. 더러는 하버드 졸업생 중 그저 그런 평범한 삶을 사는 이도 적지 않다. 하지만 하버드라는 학교가 주목받는 이유는 이들 학생보다도 교직원, 즉 최선을 다해 학생들을 가르치는 교수진 때문이다. 모든 하버드 졸업생이 사회에서 쓸모 있는 인재가 된다고 할 수는 없지만, 하버드에서 교편을 잡고 있는 교수진은 모두 사회에 수많은 공헌을 한다는 것만큼은 확실하다. 실제로 하버드 교수들은 나름의 성과를 거둔 사람들이다. 더들리 허슈바흐Dudley Herschbach, 카를로 루비아Carlo Rubbia, 니콜라스 블룸베르헌Nicolaas Bloembergen 등의 노벨상 수상자들도 있다. 참고로 지금까지 하버드 출신 중 노벨상을 받은 사람은 160명에 이른다.

하버드 교수들은 이미 성공한 사람들이다. 그럼에도 그들은 멈추지 않는다. 하버드에 가보면 백발이 성성한 노교수들이 여전히 새로운 지식과 이론을 배우는 데 몰두하는 모습을 어렵지 않게 볼 수 있다. 놀라운 그들의 학구열도 본받을 만하지만, 그보다 더욱 본받아야 할 것은 '시간을 낭비하지 않고 정해진 시간에 더 많은 성과를 내려는 정신'이다.

신은 시간을 아끼는 사람을 맨 앞에 둔다

시간은 당신을 기다려주지 않는다.
시간을 소중히 여기는 사람만이 언제나 앞선 위치에 설 수 있다.

많은 사람이 새로운 해, 새로운 달, 새로운 주가 시작될 때 입 버릇처럼 말한다.

"시간을 아껴 써야지."

그러나 작심삼일이기 일쑤다. 시간을 소중히 여기는 건 말이 아닌 행동으로 해야 한다. 입으로만 시간의 소중함을 외치는 사람은 너무 많은 시간을 낭비했다며 후회만 할 뿐 정말로 시간을 소중히 여기지 않는다. 과연 시간을 아끼는 것과 낭비하는 것의 차이는 어떻게 드러날까?

사실 답은 간단하다. 시간을 어떻게 다뤘는지는 그 사람이 거둔 성과, 일의 마무리를 보면 알 수 있다. 누구에게나 공평한 인과因果의 신은 시간을 아끼는 사람을 맨 앞에 세우고, 시간을 낭비하는 사람을 맨 뒤에 세운다. 이것이 바로 공정한 신의 섭리다.

성공의 앞줄에 서고 싶다면 시간을 소중히 여길 줄 알아야 한다. '시간을 소중히 여길 줄 아는 것'은 겉으로 보이는 형식이나 껍데기뿐인 말로만 되는 게 아니다. 눈앞의 일분일초까지 소중히 하고 최선을 다해 업무와 학습의 효율을 높이려 노력해야 한다.

결심한 뒤에는 곧바로 행동하고, 내일이 올 때까지 기다리지 말아야 한다. 적기는 내일이 아닌 오늘, 바로 지금이다. 우리 앞에 놓인 오늘을 알차게 보내 어제 낭비한 시간의 아쉬움을 채운다면 더 나은 내일과 미래를 맞이할 수 있다.

4:30 A.M. '콘텐츠가 왕이다'라는 말로 유명한 섬너 레드스톤 Sumner Redstone은 하버드에서 법학 박사학위까지 받은 인물로, 그가 처음 명성을 얻었을 때의 나이는 예순셋이었다.

평범한 시민에서 대부호가 된 레드스톤은 황혼기를 향해 가는 와중에도 부단히 자신을 갈고닦으며 미디어 엔터테인먼트 사업을 시작했다. 그는 흥행작 〈아이언맨〉, 〈트랜스포머〉를 제작한 파라마운트사, 세계적인 뮤직콘텐츠 방송사 MTV, CBS 등을 소유하며 세계 최대의 엔터테인먼트 왕국을 세워 나아갔다.

한 기자와의 인터뷰에서 레드스톤은 어떻게 열심히 공부하고 일하는지에 관하여 이야기했지만, 특이한 점은 딱히 없었다. 그때 기자가 그의 흰머리를 보고는 갑자기 이런 질문을 던졌다.

"어떻게 예순셋의 나이에 엔터테인먼트 사업을 시작할 용기를 내셨죠?"

레드스톤은 웃으며 말했다.

"예순셋이라니요, 저는 이제 스무 살인걸요. 나이가 무엇을 증명할 수 있겠습니까? 시간을 귀중히 여기지 않으면 나이 여든에도

239

무엇 하나 이루지 못합니다. 중요한 건 목표와 방향을 가지는 것이고, 그다음에는 일분일초를 제대로 보내는 것입니다. 온 마음을 다하면 나이에 상관없이 성공할 수 있습니다."

레드스톤은 예순셋이 되기 전까지는 평범한 인생을 살았다. 그때는 신이 준비 안 된 그를 뒷줄에 세웠을 터. 그러나 예순셋의 레드스톤은 시간을 소중히 여기며 고군분투했고, 마침내 맨 앞자리에서 자신의 일가를 이뤄냈다.

시간, 단 하나의 공평한 자원

경쟁으로 돌아가는 우리의 세상은 속성상 불평등하다. 돈과 권력 등에서 보듯 말이다. 하지만 그럼에도 이 세상에 공평한 것 하나가 있으니, 바로 시간이다.

나이가 들어서 아무것도 이루지 못한 것은 젊은 시절에 시간을 소중히 여기지 않았기 때문이다. 흙수저였던 사람들이 사회의 기둥으로 우뚝 선 사례를 우리는 심심찮게 본다. 우리 또한 시간을 소중히 관리하며 잠재력을 발휘한다면 그들 못지않은 일을 해낼 수 있다. 하지만 이런저런 핑계를 대며 여전히 미적거린다면 설령 성공이 눈앞에 있을지라도 결국 놓칠 것이다.

살아오면서 이미 놓쳐버린 시간이 아쉽겠지만, 과거는 잊고 다시 시작하자. 너무 많은 시간을 낭비했다고 자책하지 말고 지금부터 일분일초를 소중히 쓴다면 얼마든지 지난날의 허송세월을 만회할 수 있다. 계획을 잘 세우고 스케줄대로 할 일을 효율적으로 해내자. 그러면 갈수록 점점 더 많은 일을 해낼 수 있을 것이다.

어떻게 시간을 써야 하는가?

합리적으로 계획하는 것이
시간을 아끼는 방법이다.

'심장을 시간에 빼앗기는 대신 심장박동으로 시간을 계산하라.'

이는 무심히 흘러버리는 시간에 대한 묘한 상념을 불러오는 말이다. 어째서 시간은 그토록 가차 없이 흘러버리는 걸까? 이 세상에 시간보다 냉정한 것이 또 있을까? 아무리 그리워해도 지나간 시간은 다시 돌아오지 않는다. 흘러간 시간은 어찌할 수 없는 과거일 뿐이다. 이것이 오늘, 지금에 충실해야 할 이유다.

누구나 밝은 미래를 꿈꾼다. 인생을 헛되이 보내기를 바라는 사람은 아무도 없을 것이다. 그렇다면 현재를 소중히 여기고 시간을 쓸모 있게 써야 한다. 넋 놓고 허송하다가 '왜 나만 낙오됐지?'라고 한탄해봤자 누구에게도 동정을 살 수 없다.

시간을 헛되이 보내지 않으려면 시간 속에서 달리는 법을 배워야 한다. 일분일초를 효율적으로 활용하고 최단 시간 안에 목표한 바를 달성해야 한다.

그래서 목표와 계획이 중요한 것이다. 목표와 계획은 단기적으로 쪼개 세우는 것이 좋다. 너무 장기적인 목표로 나아가자면, 아무래도 막연하여 비현실적인 계획으로 용두사미가 될 가능성이 크다.

또 아침부터 저녁까지 온종일 바쁜 게 좋은 것만은 아니라는 점도 염두에 두자. 같은 일을 계속 반복하면 우리의 뇌는 피로감을 느끼는데, 이런 피로감은 업무와 학습의 효율을 현저히 떨어뜨린다. 그런 상태에서 억지로 끌고 가는 건 시간을 낭비하는 것과 다르지 않다. 성공하는 사람들은 시간을 낭비하는 어리석은 우를 범하지 않는다.

4:30 P.M. 하버드 교수 제임스 앨런James Allen은 저서《생각의 법칙》에서 우리가 일상 속 시간의 90%를 아무것도 하지 않고 보낸다고 했다. 실제로 많은 사람은 하루 동안 밥 먹고 출근하고 잠자는 것과 같은 아주 사소한 일을 한다. 각기 다른 장소에서 무의미한 일을 하고 있다는 것인데, 겉으로는 쉼 없이 무언가를 하는 듯 보이지만 계획한 목표에 부합하는 것은 하나도 없다고 한다. 바꿔 말하면 이런 일들이 존재의 가치를 실현하는 데 도움 되지 않는다는 것이다. 안타까운 점은 많은 사람이 세상을 떠날 때까지 그런 식으로 하루하루를 보내고 있다는 사실이다. 실제로 다수의 사람이 은퇴를 코앞에 두고서야 평생 의미 있는 일을 한 적이 없음에 탄식한다. 하지만 그때는 이미 인생을 거의 다 소진한 뒤다. 결국 침대에 누워 아쉬움과 후회를 품은 채 세상을 떠날 날을 맞이한다.

제임스 앨런의《생각의 법칙》은 베스트셀러가 되었고, 많은 독자에게 새삼스러운 깨달음을 주었다. 독자들은 책 속의 내용과 자신의 상황을 비교하며 온종일 바쁘게 사는 것이 정말로 생계를 위해서일 뿐, 아무런 의미도 없다는 사실을 돌아보게 된 것이다.

하고 싶은 일을 하지 않는다면 시간은 흐지부지 사라져버린다. 그렇게 흘려버리는 시간은 모두 낭비다.

보이지 않는 '시간 도둑'을 조심하라

시간을 낭비하지 않는 사람은
'시간이 부족함'을 탓할 시간이 없다.

어린 시절을 한번 돌아보자. 그때는 시간이 얼마나 빠른지 잘 느껴지지 않아서 얼마든지 놀고 즐겨도 나중에 만회할 시간이 있을 것만 같았다. 하지만 나이가 들수록 우리는 시간이 무서울 만큼 빨리 흘러간다는 것을 통감한다. 그래서 매년 연말이 되면 그해가 작년보다도 더 빨리 흘러간 것 같고, 그렇게 상실감은 더욱 크게 다가온다. 매년 생일이 돌아올 때마다 '젊음을 함부로 보냈다'는 생각이 들겠지만, 너무 슬퍼할 필요는 없다. 우리가 모르는 사이 '시간 도둑'이 귀중한 것들을 훔쳐 가고 있음을 알았다면, 이제 적절한 조치를 해서 더 많은 것을 빼앗기지 않게 막으면 된다.

시간은 금이라고들 하지만, 또한 생명이기도 하다. 시간을 아끼는 건 자기 몸을 아끼는 것과 같다. 건강에 무심한 사이 병이 생기는 것처럼, 시간 또한 무심한 사이에 우리를 떠나버린다. 시간이 많다는 생각은 절대로 하지 마라. 최선을 다해 일할 때면 우리는 늘 시간이 부족하다고 느낀다. 매일 무언가를 열심히 하고 나서 피곤보다 뿌듯함이 앞설 때, 하루의 시간은 이미 사라지고 없다. 모든 일을 다 끝마칠 때까지, 가족들과 함께 사랑을 나눌 때까지, 가장 아름다운 소망을 이룰 때까지, 우리는 시간이 기다려주길 바란다. 그러나 시간은 절대 발길을 멈추지 않는다. 그러니 우리는 최선을 다해 따라갈 수밖에 없다.

`4:30 A.M.` 하버드의 신동으로 훗날 엔리코 페르미상을 받은 이론 물리학자 로버트 오펜하이머Robert Oppenheimer는 1922년에 놀라운 성적으로 하버드에 입학했다. 이미 여러 분야를 전공해본 그였지만, 화학을 전공으로 선택하기란 쉽지 않았다. 그는 건축가가 되고 싶었고, 고전문학가도 되고 싶었다. 한때는 시인이나 화가를 꿈꾸기도 했다. 그러나 오랜 시간 고민한 결과, 그는 결국 화학을 전공하기로 결심했다. 시간의 중요성을 잘 알고 있던 오펜하이머는 시간과 달리기 경주를 하는 사람처럼 보일 정도였다. 하버드 재학 시절에는 잠자는 것도, 먹는 것도 잊을 정도로 공부에 몰두했다. 아침에 일어나면 가장 먼저 실험실로 향했고, 배고픔도 잊은 채 날마다 노력을 쏟았다. 점심시간이 되면 빵 두장 사이에 땅콩버터와 초콜릿 잼을 발라 먹는 게 전부였다. 서둘러 점심을 먹고 나면 그는 다시 실험에 집중했다. 시간을 아끼고 엄청난 노력을 쏟은 결과 그는 불과 3년 만에 졸업에 필요한 모든 학점을 이수했고, 최우수 성적으로 졸업했다. 당시 사람들은 불가능한 기적이라고 생각했으며, 이때부터 오펜하이머는 하버

드의 교수와 학생들 사이에서 '신동'으로 불렸다.

그는 과연 신동이었을까? 오펜하이머가 단기간에 우수한 성적을 거두었던 것은 열심히 공부하고 연구하는 남다른 학구열 덕분이다. 그는 가능한 모든 시간을 최대한으로 활용했고, 매일 흘러가는 시간을 바짝 뒤쫓다 보니 목표를 이룰 수 있었던 것이다.

시간을 헤프게 쓰는 것은 시간관리 능력이 부족하기 때문이다. 효율적으로 시간을 쓰는 습관을 길러야 한다. 그래야 세상에서 가장 희귀한 자원인 시간을 알차게 쓸 수 있다. 계속해서 '시간 도둑'이 모든 것을 훔쳐 가도록 놔둔다면 아쉬움과 후회 속에서 살아갈 수밖에 없다.

당신은 지금 시간을 도둑맞고 있지 않는가?

'시간 도둑'의 흔적을 찾아내기 위한 단서 몇 가지를 알려주고자 한다. 먼저 필요한 물건을 찾을 때마다 도둑은 모습을 드러낸다. 우리는 매년 열쇠나 지갑, 자료 등의 물건을 찾는 데 10%의 시간을 낭비한다. 그러니 물건을 잘 정리하는 습관을 들이면 그만큼의 시간을 지킬 수 있다. 또 게으름을 피우고 할 일을 미룰 때도 도둑은 나타난다. 이때는 일의 효율을 높이고 합리적인 계획들을 세워 하나씩 해나간다면 정해진 시간 안에 모든 일을 끝마칠 수 있다. 시간의 중요성을 깨닫고 시간을 소중히 하는 습관을 기를 때, 우리는 '시간 도둑'을 쫓아내고 성공에 이를 수 있다.

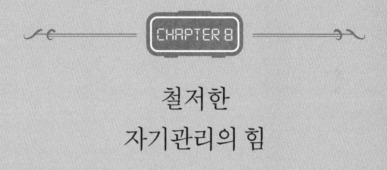

CHAPTER 8

철저한
자기관리의 힘

HARVARD'S
4:30 A.M.

빌 게이츠의 자기통제 그리고 마이크로소프트

아무렇게나 성공하는 사람은 없다.
성공은 철저한 자기관리에서 온다.

자기통제는 하버드에서 중시하는 것 중 하나다. 자기통제란 주체로서의 자기가 객체로서의 자기를 제어하는 능력으로, 좀 더 수준 높은 삶을 꾸려나갈 수 있게 해준다. 자기통제를 통해 부단히 감정을 조절하고 나쁜 유혹을 뿌리치며 자기관리를 한다면 누구나 특별한 성공을 거둘 수 있다.

마이크로소프트라는 제국을 건설한 빌 게이츠의 성공도 바로 이 자기통제와 관련이 깊다. 익히 알고 있듯, 그는 하버드 중퇴생으로서 졸업장을 받지 못했다. 그럼에도 세계적인 '소프트웨어 천재'가 되어 새로운 산업을 일으킬 수 있었던 것은 앞선 생각과 뛰어난 지혜 그리고 철저한 자기통제 덕분이다.

4:30 A.M. 빌 게이츠는 워싱턴주 시애틀에서 태어나 유복한 어린 시절을 보냈다. 그의 아버지 윌리엄 게이츠는 변호사였고, 어머니는 워싱턴대학의 운영위원회 위원이자 미국의 유명 은행인

퍼스트 인터스테이트 뱅크시스템의 이사회 임원이었다. 부모는 양질의 교육을 위해 엄격하기로 소문난 사립학교인 시애틀 레이크사이드 스쿨에 그를 보냈다. 그는 이곳에서 인생을 통틀어 가장 중요한 두 가지, '자율'과 '컴퓨터'를 알게 되었다.

열 몇 살 때부터 게이츠에게는 남는 시간이 없었다. 컴퓨터 앞에 앉았다 하면 열 시간은 기본이었고, 배가 고프면 끼니로 햄버거를 하나 간신히 먹었다. 도저히 졸려서 견딜 수 없을 때는 컴퓨터 책상에 엎드려 쪽잠을 잤다. 컴퓨터를 만지는 것이 너무 재미있어서 사람들에게 공짜로 프로그램을 만들어주기도 했다.

게이츠는 열아홉 살이 되던 해에 정식으로 마이크로소프트사를 설립했다. 늘 그렇듯 그는 매일 일에 푹 빠져 지냈다. 넘치는 에너지와 열정 덕분에 피곤이나 과로라는 단어를 잊어버릴 정도였다. 이때부터 게이츠는 아주 오랜 시간 동안 지저분하기 짝이 없는 차고와 같은 사무실에 틀어박혀서 밤낮없이 프로그램을 만들었다. 물론 그는 즐거운 일을 하고 있기 때문에 스스로 만족했다.

마이크로소프트의 운영이 안정권에 접어든 후에도 게이츠는 여전히 매주 60시간 이상씩 일했다. 매년 2주의 휴가를 낼 수 있었지만, 그 시간까지도 소프트웨어를 들여다보며 경쟁사에 뒤처지지 않으려 애썼다.

빌 게이츠는 말했다.

"나는 나의 일을 사랑하고, 그래서 오랫동안 일하는 것이 즐겁다."

거듭 강조하지만 빌 게이츠는 강력한 자기통제로 성공할 수 있었다. 그는 "사업을 일으키려면 자신에게 너무 관대해선 안된다. 자신을 스스로 통제해야 성공할 수 있다"라고 말한 바 있다. 실제로 그는 시간 대부분을 컴퓨터 관련 일에 쏟았고, 잠시도 고삐를 느슨하게 하지 않았다.

빌 게이츠는 중학생 때 독학으로 컴퓨터를 배웠다. 성공의 표본이 된 그의 마이크로소프트사도 처음부터 성공 가도만 달렸던 것은 아니다. 그는 회사를 세운 뒤 고통과 좌절을 수없이 겪었다. 그럴 때마다 늘 올바른 선택으로 나아갈 수 있게 만든 힘은 바로 자기통제력이다. 그는 자기통제로 자만하지도, 감상에 빠지지도 않았다. 객관적으로 상황을 인식하고 또 자신이 나아가야 할 길을 정확히 직시했다.

타고난 재능이 아무리 뛰어나도 자기통제력이 부족하면 잠재력을 최대한 발휘할 수 없다. 하버드에서 '자기통제'를 강조하는 이유도 바로 여기에 있다. 심지어 하버드에는 자기통제를 주제로 한 강의까지 개설된다고 한다. 자기통제의 구체적인 형식과 방법은 매우 다양하니, 그럴 만도 하다.

요컨대 자기통제는 성공을 부르고, 위대한 기적을 만들어낸다.

엄격한 자기통제의 가치

'순수한 금덩이도 없고, 완벽한 인간도 없다'라는 말이 있다. 세상에 완전무결한 사람이란 없다. 나와 당신, 이미 성공한 사람 그 누구도 말이다. 하버드생들도 마찬가지다. 다만 다른 점이 있다면, 그들은 자신의 단점이나 실수를 가볍게 여기지 않는다. 그들은 자주 자신을 점검하고, 엄격하게 평가한 뒤 스스로 반성하며 즉시 잘못을 고치고 단점을 메운다. 이는 엄격한 자기통제에서 비롯되는 행동이자 끊임없는 발전을 위한 중요한 방식이다.

완전하게 자기통제를 하기란 사실 매우 어렵다. 대단한 의지와 꾸준한 마음이 있어야 자기통제가 가능한데, 그러기에는 세상이 유혹 그 자체이다. 그렇기에 더욱더 평상시 자기통제의 습관을 들여야 한다.

물론 자기통제를 하다 보면 한계에 부딪힐 때가 있다. 그런 경우에는 완급조절을 하면서 스스로 파이팅을 외쳐보는 것도 좋은 방법이다. 자신에게 힘내라며 안심시키고, 다음 힘든 고비를 넘는

것이다. 주문처럼 자신의 목표를 상기하고, 스스로 용기를 북돋
자. 그리고 늘 냉정하고 이성적으로 자신을 바라보자. 자기통제가
뜻대로 잘 안될 때는 이렇게 되뇌자.

'자기통제를 위한 대가는 후회의 대가보다 훨씬 적다!'

남보다 나를 먼저 평가하라

먼저 자신을 정확히 판단하고서 타인을 판단하라.
혹시 자신에게만 너무 느슨하진 않은가?

우리 주변에는 아무렇지 않게 실례를 범하는 사람이 제법 많다. 아직 친밀할 정도는 아님에도 지나치게 사생활을 캐묻길 좋아하고, 자기 기준에 따라 상대를 함부로 평가해버리는 사람들 말이다. 그들에겐 자신이 생각하는 인생만 올바르다.

교양 있는 사람은 함부로 남을 판단하지 않는다. 하버드 캠퍼스에는 이런 말이 전해진다.

'먼저 자신을 정확하게 판단해야 다른 사람을 판단할 수 있다.'

실상 자신을 올바르게 판단할 수 있는 사람은 극소수에 불과한 반면, 함부로 타인을 평가하는 사람들이 부지기수다. 사람들은 대체로 자신에게는 관대하면서 남들에게는 대단히 인색한 것 같다.

얼마 전, 한 젊은 여성이 자신의 회사 임원에게 무시당한 일을 하소연했다. 그녀의 영어 실력은 꽤 대단했다. 그런데 한 임원이 그녀를 유심히 보고는 "젊은 친구가 해외 디자인 책임자와 유창하게 영어로 소통하며 일을 처리하다니, 정말 대단하군! 어디 학교 출신인가?"라고 물었다고 한다. 사실 그녀는 명문 대학 출신이 아니었다. 그녀는 자신이 졸업한 학교를 밝히고는 곧 대학원에 진학할 예정이라는 말까지 덧붙였다. 그 순간 임원의 태도가 돌변했다.

"이거 참, 난 영어 제법 하길래 해외 유학이라도 다녀온 줄 알았지! 그런데 그 나이에 대학원 가기는 좀 늦지 않았나?"

그는 여기에 그치지 않고 자못 진지한 얼굴로 훈계까지 늘어놓았다.

"지금 나이에 가장 중요한 건 결혼해서 아이 낳는 거야. 여자가 그 나이에 대학원 가봤자 아무런 쓸모가 없지. 사회에서는 다들 '출신'을 본다고, 남들은 다 무슨 대학 나왔느냐고 묻지, 그다음 학력은 소용없어."

일상에서 이런 무례한 일은 여전히 종종 벌어진다. 자기 생각과 가치관에 따라서 함부로 타인을 평가하고, 상대가 자신의 평가를 들었을 때 어떤 감정이 들지는 아랑곳하지 않는다. 우리는 이런 교양 없고, 경솔한 자세를 가장 경계해야 한다.

하버드에서는 함부로 타인을 무시하거나 평가하지 않는다. '생각은 자유롭게 하되, 생각을 표현할 때는 신중하고 조심해야 한다'라는 하버드의 명언은 그런 태도를 잘 방증해주고 있다.

물론, 살아가는 데 자신의 견해는 필요하다. 누구나 자신이 추구하는 바가 있으니까 말이다. 그러나 그것이 상대를 할퀴는 오만한 언사라면 곤란하다. 언행에 앞서 반드시 여러 번 생각해야 한다. 자신의 언행이 상대방이나 상황에 어떤 영향을 미칠지 유념해야 한다.

사실, 공정한 평가를 하기란 매우 어렵다. 특히 자기 자신을 제대로 평가하기란 더더욱 어렵다. 많은 사람이 자신을 스스로 과대평가하여 자기 능력이나 수준이 남들보다 낫다고 생각하지만, 이는 자기 자신을 제대로 알지 못하기 때문이다. 하버드 교수들이 학생들에게 자기 자신을 객관적으로 정확히 평가하도록 하는 이유도 바로 이 때문이다.

나 자신을 제대로 알기

'인간의 가장 큰 어리석음은 자기기만이다'라는 말이 있다. 인간의 가치는 자기 자신을 제대로 아는 것에서 비롯된다. 하지만 이는 매우 어려운 일이다. 그렇기에 세상에는 겸손하고 성실한 사람보다 능력은 부족하면서 눈만 높거나 저 잘난 맛에 도취한 사람이 훨씬 많다. 그런 이들은 물론 자기 발전을 기대할 수 없다.

많은 이가 자신을 알아주는 사람이 없어서 재능이 묻힌다며 불평한다. 더 나아가 예컨대 '저 팀장은 왜 저 자리에서 저따위로 일하지? 내가 팀장이면 저 사람이 하는 일의 열 배는 잘할 수 있겠다' 하는 식으로 상대방을 함부로 평가하고 폄훼한다. 자신을 스스로 과대평가하면서 말이다. 실제로 그 자리에 있는 사람의 고민과 일에 대해서 진지하게 바라보지 않고서 말이다. 남을 지적하기는 쉬워도 자기 자신을 제대로 판단하기란 보통 사람들에겐 몹시 어려운 모양이다. 자신을 제대로 판단하려면 용기가 필요하다. 냉정한 머리와 차분한 마음도 필요하다.

259

한 유명 작가가 이런 글을 썼다.

'경력이 많은 고급 기술자도 젊은 시절에는 별 볼 일 없는 노동자였을 것이고, 훌륭한 전문의도 처음에는 어설픈 수련의였을 것이다. 모든 경험과 부, 지위는 조금씩 쌓여 이루어진다. 그러니 어떤 위치에서 어떤 일을 하더라도 단정하고 순수한 눈으로 자신을 정확히 판단할 줄 알아야 한다.'

과연 어떻게 해야 나 자신을 정확히 판단할 수 있을까? 하버드를 졸업한 한 친구는 '자기 잘못을 돌아보고 비판할 수 있는 용기'를 하버드에서 얻은 가장 큰 수확이라고 말했다.

명심하라. 자기 자신을 제대로 알아야 인생을 살아가는 데 헤매지 않는다.

과거 비우기 연습

정기적으로 마음을 비우고
영혼을 깨끗이 하라.

인생은 변화와 부침浮沈으로 가득하다. 산에 올라가면 반드시
내려와야 하는 것과 마찬가지다. 어느 한곳에 닿았다면 다른 곳
을 향해 움직여야 하고, 이 일을 마치고 나면 또 다른 일을 해야
한다. 가보았던 길만 걷고 해보았던 일만 한다면 우리 개개인의
인생이라는 건 없고, 모든 삶이 천편일률적이어서 세상은 끔찍
해질 것이다. 그래서 어제의 일은 오늘 비워진다. 어제의 짐을
내려놓고 가벼운 발걸음으로 내일을 향해 새로이 걸어가는 것,
이 얼마나 숭고한 인생살이인가?

삶과 배움에서도 그렇다. 어떤 일이든 끝나고 나면 결과에 상
관없이 비워버리고 새로운 자세로 시작해야 한다. 이처럼 과거
를 비워버리는 것은 하버드생들에게도 중요한 의미를 지닌다.

다음은 하버드 총장을 지낸 인사의 일화다.

 몇 년 전 총장이 학교에 수개월의 휴가를 신청하고 홀

로 미국 남부의 어느 시골 마을에 머무른 적이 있었다. 이곳에 오기 전, 총장은 가족들에게 걱정하지 말고 자기가 어디로 가는지 궁금해하지 말라고 당부했다. 물론 정기적으로 안부 전화를 할 것이라는 말도 덧붙였다.

그렇게 그는 아무도 모르는 곳에서 완전히 다른 생활을 해볼 수 있었다. 시골에 머물던 몇 개월 동안 그는 농장에서 일하고 식당에서 접시도 닦았다. 하버드 총장이라는 삶과 완전히 다른 촌부의 삶은 그에게 색다른 경험을 하도록 하고, 전에 없던 즐거움을 느끼게 했다.

그중에서도 가장 흥미로웠던 일은, 그가 마지막으로 해본 식당 접시닦이를 할 때 벌어졌다. 그는 겨우 네 시간 일했을 뿐인데도, 식당 주인이 그에게 하루 매상을 정리하는 일을 맡긴 것이다. 그가 새로운 자리에 고용된 이유는 접시 닦는 속도가 너무 느렸기 때문이다.

하버드로 복귀한 총장은 익숙한 기존의 생활로 되돌아갔다. 그런데 그는 몇 달간의 휴가 덕분에 모든 일이 전과는 달리 새롭고 흥미로워졌다는 사실을 깨달았다.

이 일화에서 중요한 것은 하버드 총장이 자신의 원래 생활로 돌아오고 나서이다. 그는 전과는 완전히 다른 마음가짐을 가질 수 있었다. 여러 해 동안 그의 일상에 쌓인 '쓰레기'를 깨끗이 치워버리자, 새로 태어난 듯 그는 자신의 모든 일상이 새롭고도 흥미로워진 것이다.

이 일화가 주는 교훈은 간단하다. 과거의 성공에 상관없이 앞으로 나아가는 길에서는 반드시 마음속의 쓰레기를 비워야 한다는 것이다. 과거에 정체된 채 살아갈 수는 없기 때문이다.

우리는 급변하는 세상 속에서 생존 문제로 매일 극도의 스트레스를 겪으며 살고 있다. 너나없이 늘 일정한 시간이 되거나 어떤 단계에 오를 때마다 알 수 없는 끈질긴 압박과 잡념에 시달리곤 한다. 이때 스스로 스트레스를 푸는 방법을 찾아보지만, 효과는 썩 좋지 않다. 하버드 총장의 일화는 이 문제를 해결하는 실마리를 보여준다. 바로 끊임없이 자신을 비우는 것이다!

먼저 사람 됨됨이를 갖추라

덕만 있고 재주가 없는 것은 불량품이고, 재주만 있고
덕이 없는 것은 독약이며, 덕과 재주가 모두 있는 것은 명품이다.

하버드의 교육은 '사람'이 되는 가르침을 기본으로 하고 '인
재' 양성을 목적으로 한다. 하버드 교육이념은 인문을 바탕으로
다음 세대의 진정한 인재를 양성하는 것이다. 그렇기에 '인문교
육'이 하버드의 전통이자 핵심 교육이념인 것이다.

하버드 학장은 매년 입학식 때마다 신입생들에게 "교양 있는
사람들의 집단에 들어오게 된 것을 환영한다"고 말한다. 하버드
의 교육은 '사람'이 되는 것에서 출발한다는 것을 잘 보여주는
대목이다.

1764년의 어느 날 저녁, 하버드에 화재가 발생했다. 거
센 불길이 빠르게 퍼지면서 당시 유명한 도서관 하버드 홀
Harvard Hall이 순식간에 잿더미가 되어버렸다. 하버드 홀에 있던
책들은 설립자 하버드가 세상을 떠난 뒤 기증한 것이었다. 그를
기념하기 위해 특별히 지은 건물이 대형 화재로 타버리자, 하버

드생들의 허탈감은 말로 표현할 수 없을 정도였다.

그런데 이들 중 존이라는 학생이 안절부절못했다. 왜일까?

전형적인 책벌레였던 존은 평소 도서관에서 지내기를 좋아했다. 책 속에 들어 있는 풍부한 지식이 그를 사로잡았기 때문이다. 그런데 사고가 나던 날 존은 책을 외부로 반출할 수 없다는 도서관 규정을 어겼다. 이는 퇴학 사유가 될 정도로 엄격한 규율이었다. 도서관 문이 닫힐 시간이 되자 책에 흠뻑 빠져 있던 존은 끝까지 읽고 싶은 욕심에 읽던 책을 몰래 들고 도서관을 나왔다. 그런데 바로 그날 밤 도서관에 불이 났고 소장된 책들이 모조리 전소한 것이다.

'이 책을 돌려줘야 할까?'

그날 밤, 도서관의 화재는 존을 갈등에 휩싸이게 했다. 며칠 후 마침내 결심한 그는 학장 사무실로 찾아갔다.

"학장님, 죄송합니다. 그날 밤, 제가 도서관에 있던 책 한 권을 몰래 가지고 나왔습니다. 여기 그 책을 돌려드리겠습니다."

학장은 내심 기뻐하면서 그 책을 건네받았다.

"당행이네요, 이 귀한 유산을 갖고 있었다니, 고맙군요. 일단 나가보세요."

존은 비로소 안도의 한숨을 쉬었다. 이 소식을 들은 하버드의 다른 교수들도 모두 기뻐했고, 일부는 존을 칭찬해야 한다고도 했다. 그러나 이틀 후, 생각지도 못한 공고문 하나가 붙었다.

'존 학생은 교칙을 어겼으므로 퇴학 처리함.'

존에게는 청천벽력 같은 소식이었다. 교수들과 학생들은 처벌이 너무 가혹하다며 존에게 한 번만 더 기회를 줄 것을 요청했다.
그러나 학장은 단호했다.

"존이 정직하게 책을 가져다준 것에 대해서는 저 역시 여러분과
마찬가지로 감사하게 생각하고 칭찬합니다. 그러나 그는 교칙을
위반했으니 퇴학시킬 수밖에 없습니다. 저는 하버드의 규율에
책임을 져야 하니까요."

이 말에 모두가 결국 수긍했다.

존의 일을 통해 학장은 교수들과 학생들에게 항상 규율을 지키
고 스스로 단속해야 한다는 가르침을 주었다. 그러지 못했다면
반드시 일정 대가를 치러야 한다. 이는 또한 우리의 삶 속에서
반드시 지켜야 할 기본원칙이기도 하다.

하버드의 학부 교육은 '사람'이 되는 것에 무게를 두는데, 이
는 대학 교육을 통해 학생들이 사람됨의 원칙과 소양을 갖추도
록 하는 것이다.

인재가 되기에 앞서 반드시 사람이 되어야 한다. '사람'이라는
말에 담긴 참뜻을 알지 못하는 이는 사회의 도구에 불과할 뿐
스스로 사회를 책임질 수 없다.

하버드의 됨됨이 교육

하버드 교수들은 먼저 '사람'을 충분히 이해한 다음 전문적 훈련을 거친 인재만이 사회의 엘리트이며, 사회 각층에서 봉사하며 발전을 촉진할 수 있다고 생각한다. 이것은 하버드가 수백 년간 이어온 인재 양성의 가장 기본적인 원칙이기도 한데, 근래의 미국 대학 교육의 훌륭한 전통으로 뿌리내렸다. 수세대에 걸친 하버드의 엘리트는 이렇게 길러진 것이다.

규율은 학교와 교육이 안정된 질서를 갖추게 하며, 법률과 같은 강제성을 띤다. 모든 학생은 학교의 제도와 규율에 구속받는다. 규율을 위반하는 모든 행위는 그에 상응하는 대가를 받아야 한다.

하버드가 수많은 엘리트 인재를 배출해낸 것은 재학 기간에 규율을 준수하는 자세를 길렀기 때문이다. 이는 또한 '사람' 되기 위한 기본적 조건이다. 그래서 졸업 후 사회에 진출한 하버드생들은 규율이 허락하지 않는 일이나 법망을 교묘히 피하는 등의 행동을 하지 않도록 자기 자신을 다스릴 줄 안다.

세 번 생각하고 행동하라

세 번 생각하고 행동하는 사람은
쉽게 잘못을 저지르지 않는다.

그 어떤 일을 하든지 실수하지 않으려면 신중하게 생각해야한다. 여러 번 깊이 생각하고서 행동하면 후회할 일은 그리 많지 않을 것이다. 또한 경솔함이 고개를 들 염려도 없다. 하지만 실제로는 많은 사람이 충분한 고민을 하지 않고서 즉흥적인 감정에 휘둘려 행동한다. 자신이 옳지 않은 방향으로 와 있다는 사실을 깨닫거나 후회할 때는 이미 되돌릴 수 없다.

하버드 교수들은 학생들에게 '세 번 생각하고 행동한다'를 끊임없이 강조하며 순간적인 충동을 극복하도록 돕는다. 그렇다면 우리가 어떤 행동을 하기 이전에 먼저 어디서부터 생각해야할까? 문제의 시작, 원인 등을 깊이 생각하면 당면한 문제의 해결책을 찾을 수 있다.

하나의 문제에는 여러 원인이 있을 수 있고, 복잡한 배경이 존재한다. 최초의 감정에 이끌리면 대상을 여러 면에서 정확하게 평가할 수 없다. 반면, 심도 있게 분석하고 여러 시점으로 그 문제를 바라보면 실마리를 찾을 수 있다. 또한 다른 사람이 만들어 낸 허상에 속으면 잘못된 길로 들어갈 우려가 있다. 이때 반드시 멈춰 서서 냉철하게 상황을 관찰해야 한다. 요컨대 오류 없이 상황을 인식하는 것이 매우 중요하다. 이런 식으로 여러 번 생각하고 행동할 줄 알아야 한다.

어느 날, 사자가 하이에나에게 말했다.

"나는 힘이 세고 너는 오래 달릴 수 있으니 함께 사냥을 해보면 좋은 결과가 나오지 않을까?"

하이에나는 잠시 생각해보았다.

'서로의 단점은 보완하면서 장점을 살리면 좋은 파트너가 될 수 있겠는걸?'

그렇게 꼬임에 넘어간 하이에나는 사자와 손잡기로 했다.

사냥을 마친 뒤, 사자는 잡은 사냥감을 삼등분한 다음 하이에나에게 말했다.

"나는 동물의 왕이니 첫 번째는 내가 가져간다!"

하이에나는 고개를 끄덕였다.

"또한 너는 내가 사냥하는 걸 그저 도왔을 뿐이니 두 번째도 내 몫이어야 하지!"

하이에나는 뭔가 이상하다고 생각했다. 사자는 이어서 말했다.

"빨리 도망가지 않으면 세 번째 고기뿐만 아니라 네 목숨도 내 것이 될 거다."

깜짝 놀란 하이에나는 그제야 후회했지만, 이미 늦어버렸다.

이야기 속 하이에나는 사자와 손잡기 전 생각을 하긴 했지만, 사실 전체를 보지 못했다. 좋은 상황만 생각하고 나쁜 상황에 대한 고려는 소홀히 한 것이다. 자신의 상황을 제대로 인식하지 못한 하이에나는 양자 간의 실력 차이는 생각조차 하지 않았고, 협상이 깨지면 결국 약한 쪽이 손해를 보게 된다는 사실도 까맣게 몰랐다.

우리는 무슨 일을 하든지 그에 앞서 충분히 생각해야 한다. 여러 단계에서 나타날 수 있는 갖가지 상황과 그에 따른 대응 방안 등을 전면적으로 생각하자.

신중하게 생각한다는 것

'세 번 생각하고 행동한다.'

이는 하버드가 중시하는 사고방식이다. 학생들이 문제에 부딪혔을 때 급하게 행동하기보다 냉정하게 생각할 수 있도록 교육하는 것이다. 보통은 서투르고 엉성한 사람들이 지나치게 빠르게 행동하는데, 이는 시간이 부족하다고 생각하는 데다 자신도 모르는 사이 여러 번 생각하는 과정을 대수롭지 않게 여기기 때문이다. 그렇기에 바쁠수록 실수를 저지르기 쉽다. 하지만 미리 확실히 생각하지 않고 정확한 방향을 찾지 못하면 결국 더 많은 시간을 낭비하게 된다. '칼을 간다고 해서 땔나무가 늦어지지는 않는다'는 말도 같은 맥락의 의미를 담고 있다. 우리에게 가장 중요한 일은 칼을 가는 것이다. 시간이 조금 지체될지라도 칼을 잘 갈아야 한다. 날카로운 칼이어야 땔나무를 더 잘 자를 수 있다. 일하는 데 힘이 덜 들고, 자연히 효율이 높아지는데 안 갈 이유가 없다.

여행을 생각해보자. 미리 여행 루트를 짜놓고 일정을 정해놓으

271

면 길을 뱅뱅 돌지 않아도 된다. 반면 아무런 준비도 하지 않으면 가는 도중에 허둥지둥하며 시간을 낭비하게 된다.

일을 망치지 않기 위해 반드시 세 번 생각하고 행동하자. 우리가 사는 복잡한 사회에서는 이런저런 문제가 끝도 없이 일어난다. 이런 환경 속에서 정확한 판단을 내리고 더 나은 결과를 내도록 행동하려면 결정하기 전에 반드시 여러 번 충분히 숙고해야 한다.

감정이 앞서면 충동적으로 행동하기 십상이다. 그 충동으로 빚어진 잘못 때문에 상상을 초월하는, 돌이킬 수 없는 대가를 치를 수도 있다. 충분히 생각하면 최악의 상황도, 최악의 시간 낭비도 미연에 방지할 수 있다.

세 번 생각하라는 것은 행동하기에 앞서 먼저 충분히 생각하라는 뜻이다. 무엇을 하고 있는가? 어떻게 할 것인가? 하고 나면 어떤 결과가 올 것인가? 이렇게 세 번 생각하며 직면한 문제들을 대한다면 실수를 피할 수 있다.

무슨 일을 하든지 우리는 하나의 결과를 원한다. 우리가 하는 모든 일은 스스로 기대한 결과를 위한 것이다. 일에 앞서 다각도로 생각하고 중간에 변화가 생길 경우 즉시 살펴서 대책을 마련해 간다면 만족스러운 결과를 얻을 수 있다.

가장 어렵고도 가장 쉬운, 감정 다스리기

자신을 제어하지 못하는 사람은
진정한 자유를 얻을 자격이 없다.

심리학자 월터 미셸Walter Mischel은 4세 어린이를 대상으로 흥미로운 사회 실험을 진행했다. 유치원에 다니는 아이들을 마시멜로가 있는 방에 두고서 15분 동안 먹지 않고 기다리면 마시멜로 하나를 더 준다고 한 것이다. 즉, 어른이 돌아올 때까지 참을성 있게 기다리면 마시멜로 두 개를 받을 수 있고, 지금 당장 마시멜로를 원한다면 한 개만 먹을 수 있도록 하는 실험이었다. 아이 일부는 어른이 돌아올 때까지 기다리며 참을성을 발휘했지만, 충동적인 아이 대부분은 어른이 나가자마자 마시멜로 하나를 꺼내 먹었다.

그로부터 십수 년이 흐른 뒤 성장한 그들을 추적 조사해보니, 유혹을 이겨냈던 아이들은 사회에 잘 적응하고 자신감도 강했으며 인간관계도 양호한 데다 어려움도 잘 극복했다. 반면, 자제력이 낮았던 아이들은 적응력이 떨어지고 충동적인 데다 쉽게 화를 냈으며 다른 사람과의 관계도 좋지 않은 것으로 나타났다.

월터 미셸의 실험은 자기 제어 능력이 인생에서 얼마나 중요한지를 잘 보여준다.

석유 사업으로 부호가 된 폴 게티는 하버드 출신 중에서도 크게 성공한 인물이다. 다음은 그의 자기 제어에 관한 이야기다.

4:30 A.M. 폴 게티는 젊은 시절 여행을 자주 다녔다. 하루는 프랑스의 한 농촌 마을로 차를 몰고 있을 때 갑자기 엄청난 비가 쏟아지기 시작했다. 그는 이런 빗속을 뚫고 운전하는 건 미친 짓이라고 생각했지만 계속 차를 몰았고, 밤이 깊어 피곤해지자 작은 여관을 찾아 들어갔다.

대충 끼니를 때운 게티는 침대에 누워 잠을 청했다. 상당히 피곤했지만 막 잠이 들려는 찰나, 갑자기 담배 생각이 났다. 어찌나 간절했던지 잠은 이미 저만큼 달아났다. 팔을 뻗어 담배를 찾았지만 공교롭게도 담뱃갑은 텅 비어 있었다.

하지만 담배 생각은 점점 불같이 일어났고 결국 게티는 침대에서 일어나 가방과 주머니를 뒤져보았다. 혹시라도 남은 담배가 있을까 하는 마음에서였다. 어딘가에 담배 한 개비가 떨어져 있기를 바라며 급기야 바닥을 기어다녔지만, 아무것도 찾지 못했다.

게티는 결국 담배를 사러 나가기로 했다. 하지만 작은 시골 마을이라 상점은 모두 일찌감치 문을 닫아버린 뒤라서, 수 킬로미터나 떨어진 기차역에 가야 담배를 살 수 있었다. 머릿속에 온통 담배 생각뿐이던 그는 비옷을 입고 장화를 신은 다음 방문을 열었다.

그때 게티는 퍼뜩 자신의 행동이 정상이 아님을 깨달았다. 그는 입구에 선 채로 자신의 비이성적인 행동을 생각해보았다. 그는 부끄럽게도 자제력이 부족한 어린아이처럼 굴고 있었던 것이다!

게티는 담배를 포기하고 다시 잠옷으로 갈아입고는 침대에 누웠다. 의외로 그는 밤새 푹 잘 수 있었다. 아침에 일어나자, 몸이 가뿐하면서 기분이 무척 좋았다.

그날 이후로 그는 두 번 다시 담배를 입에 대지 않았다.

폴 게티는 자신의 성공담을 이야기하는 자리에서 이 일화를 소개하고는 덧붙였다.

"나는 결코 흡연자들을 비하하려는 것이 아닙니다. 다만 당시의 내가 나쁜 습관에 물들어 그야말로 구제 불능이었다는 사실을 말하려는 것입니다."

결국 이 석유왕은 나쁜 충동과 습관의 포로가 되지 않고, 그것과 싸워서 이겼다. 그보다 더 귀중한 것은 그가 평생 어떤 습관의 노예도 되지 않았기에 눈부신 삶을 살 수 있었다는 사실이다.

의미 없는 사소한 충동 이겨내기

자신의 감정을 효과적으로 조절하지 못하는 사람은 성공하기 어렵다. 하버드 교수들은 학생들이 자신한테 지나치게 관대해지지 않도록 가르친다.

일정한 성과를 거둔 사람들은 하나같이 자신을 엄격하게 다뤘기에 그토록 어려운 일들을 해낼 수 있었다.

학창 시절, 나의 선생님 한 분이 자주 말씀하셨다.

"큰일을 하는 사람은 특히 인내할 줄 알고, 큰일과 작은 일을 구분할 줄 알아야 한다. 언제나 냉정함을 유지해야 하며 충동적인 감정에 휩쓸려서는 안 된다."

하버드 출신의 인재들은 별것 아닌 일에 과히 신경 쓰거나 벌벌 떨지 않는다. 그들은 자기 삶에서 굵직한 일에 에너지를 제대로 쏟고 결국 성공한다.

물론 누구나 한두 가지 나쁜 습관은 가지고 있게 마련이다. 그런데 이런 오랜 습관에 관성이 붙어 극복하려고 하지 않는 것이 가장 나쁜 습관이다. 이런 습관을 바꿔야 진정한 자유인이 될 수 있고, 스스로를 제어할 수 있는 사람만이 운명을 다스릴 수 있다.

성공의 가장 큰 적은 기회 부족도, 능력 부족도 아닌 자기감정을 다스리지 못하는 것이다. 기분이 좋지 않을 때 분노를 조절할 수 있다면, 의기소침해 있을 때 스스로 힘을 불어넣을 수 있다면, 어떤 나쁜 감정에도 휘둘리지 않고 자신을 다스릴 수 있다면, 성공은 결국 손안에 들어올 것이다.

자신의 잘못과 진실로 대면하기

온 세상이 틀렸다고 하는 사람은
스스로 틀렸을 가능성이 크다.

이 세상의 수많은 일은 정해진 답이 없다. 나도 한때는 세상의 모든 것에 불만을 품으며 부정했고, 상대가 틀렸다고 생각했다. 하지만 시간이 흐르면서 당시에 틀렸던 것은 세상과 그들이 아닌, 바로 나 자신이었음을 깨닫곤 한다. 나이가 들어가면서 많은 사람이 바로 이러한 일을 경험할 것이다. 이와 관련하여 하버드에는 무릎을 칠 만한 명언이 있다.

'온 세상이 틀렸다고 하는 사람은 스스로 틀렸을 가능성이 크다.'

'성자가 아니고서야 누군들 허물이 없으랴'라는 옛말이 있다. 이는 '나는 성자가 아니니 어찌 허물이 없으랴'라는 뜻이다. 하지만 개인적으로 나는 이것 역시 틀린 말이라고 생각한다. 성자라고 해서 아무런 허물이 없는 것은 아닐 테니까 말이다. 다시 말해, 이 세상에 완벽한 사람은 없으며, 누구나 이런저런 잘못을 저지르며 살아간다. 그렇기에 우리는 '누가 잘못을 저지르지 않는가?'가 아닌, '어떻게 잘못에 대처해야 할 것인가?' 하는 문제에 관심을 가져야 한다.

4:30 A.M. 앤드류는 학교 다닐 때 주로 열차를 이용했다. 그는 매주 목요일 저녁마다 강의실로 달려갔고 수업이 끝나면 다시 서둘러 역으로 달려갔다. 서두르지 않으면 역에서 한 시간 넘게 기다려야 했기 때문이다. 그러던 어느 날, 숨을 몰아쉬며 역에 도착한 앤드류는 열차 도착 시간이 나오는 전광판에 이미 열차가 도착한 것을 확인하고서 얼른 개찰구의 차표 확인 기계에 자신의 표를 넣었고, '철컥' 하는 소리까지 들었다. 그런데 열차가 도착하고서 검표원이 표를 검사할 때였다. 표를 꺼내든 앤드류는 순간 자신의 눈을 의심했다. 자신의 표에는 아무런 표시도 되어 있지 않은 것이다. 그가 불법으로 열차에 올라탔다고 판단한 검표원은 벌금을 물렸다.

앤드류는 억울했다. 자신은 분명히 열차에 올라타면서 기계에 표를 넣었으니까 말이다. 기계에 문제가 있던 게 분명했다. 검표원이 역에 전화를 해보자 아니나 다를까 기계에 잉크가 떨어져 있었다는 답변이 돌아왔다. 하지만 검표원은 앤드류에게 말했다.

"기계가 고장이 났으니, 역의 책임이 맞습니다. 하지만 학생도 똑같이 책임이 있어요."

앤드류는 이해할 수 없다는 듯 물었다.

"제게 무슨 책임이 있죠? 급하게 열차에 올라타느라 표를 확인하지 못했을 뿐인데요."

"그게 바로 학생의 잘못입니다. 역에는 모두 네 대의 기계가 있었고 다른 기계들은 모두 정상이었어요. 얼마든지 피할 수 있는 문제였지만 학생이 보지 못했던 것입니다. 그러니 벌금을 내셔야 합니다."

앤드류 입장에서는 억울하지 않을 수 없다. 역의 관리 소홀로 말미암은 기계 고장 탓에 손해를 보게 되었으니까 말이다. 하지만 과연 그렇다고만 하는 것이 옳을까? 가만 생각해보면 앤드류가 경황이 없었기 때문에 벌어진 잘못이기도 하지 않은가? 다른 사람이나 상황에 탓할 때 자신에게는 아무런 잘못이 없는지 스스로 돌아봐야 한다. 이런 일은 우리에게도 얼마든지 일어날 수 있는 일이니까 말이다.

나를 다스려야 남을 다스릴 수 있다

다른 사람은 통제할 수 없어도
자기 자신은 다스릴 수 있다.

내가 만난 하버드 출신의 엘리트 중에는 공무원도 있고, 기업가나 예술가도 있었다. 물론 그들은 성격과 스타일이 제각각이었다. 하지만 그들에게는 한 가지 공통점이 있었다. 바로 말과 행동으로 주변 사람들을 압도하고 빠져들게 한다는 점이다. 마치 아름다운 밤, 화려한 옷차림의 미남미녀를 보면 저절로 시선을 빼앗기게 되는 것처럼 말이다. 그들보다 학식이 더 깊고 더 부유하고 지위가 더 높은 다른 이들에게는 없는 독특한 매력이다.

그들은 소박하게 평범한 옷을 입고 쉬운 단어를 쓰지만, 사람들 무리에 섞여 있어도 단번에 알아볼 정도로 매력적으로 말하고 행동한다. 겉으로만 위엄이 넘치는 다른 사람들은 결국 들러리에 불과하다.

한 친구가 내게 흥미로운 경험담을 들려주었다.

`4:30 A.M.` 서로 전혀 안면이 없는 학생들이 원탁에 모여 앉았다. 교수가 매우 사소하고 흔한 문제 몇 가지를 주고 토론으로 최종 결론을 도출하도록 했다. 토론 시간에는 제한이 없었다.

잠시 후 학생 하나가 자연스럽게 리더로 나섰고, 다른 학생들도 자의 반 타의 반으로 그가 제시한 의견에 고개를 끄덕였다. 그렇게 리더 학생은 보이지 않는 힘으로 주변 학생들에게 영향을 미쳤고, 자신도 모르는 사이 학생들이 자기 말에 따르도록 만들었다.

이것은 인격적인 힘으로, 언어로 전달되는 것은 아니지만 우리의 삶 속에 확실히 존재한다. 이러한 리더십은 재산이나 지위, 권력과는 전혀 관계가 없다. 다만 강력한 개성이자 영혼의 힘이다.

이런 일은 누구나 한 번쯤 경험했을 것이다. 우리 주위에는 언제나 강한 영혼의 힘을 가진 리더들이 있는데, 이들이 가진 힘은 본질적으로 일종의 자기 제어 능력이다.

망설임, 나약함, 충동, 민감, 게으름, 끈기 부족……. 이것들은 인간이라면 누구나 가지고 있는 타고난 약점이다. 복잡한 세상 속에서 스스로 제어하기란 쉽지 않다. 어쩌면 우리에게 진정으로 부족한 것은 지식이나 능력이 아닌, 자기 선택에 대한 믿음인지도 모르겠다.

자신감과 자제력을 갖추고 외부의 영향에 좌우되지 않는다면 우리는 자연스럽게 타인의 기둥인 리더가 될 수 있다. 자신을 다스리는 사람이 다른 사람도 다스릴 수 있다.

• 하버드 성공 비결 •

우리의 인생을 움직이는 것

'운명은 자신의 손에 달렸다.'

참 많이도 들어온 흔하디흔한 말이지만, 이는 진실이다. 우리 인생을 움직이는 것은 바로 우리다! 자기계발의 대가 앤서니 로 빈슨Anthony Robbins은 말했다.

"인생은 당신이 결정을 내리는 그 순간 결정된다."

영원히 즐거운 인생을 살고 싶다면 삶이 선사한 모든 것을 제대 로 활용해야 한다. 생각하지 말아야 할 것은 생각하지 말고, 하지 말아야 할 일은 하지 않도록 자신을 다스려야 한다. 또한 시간과 비용을 절약하고 불필요한 길목으로 들어서지 않는 법을 배워 미 래의 성공 가능성을 잡아야 한다.

실패한 사람들은 "나는 의사도, 변호사도, 예술가도, 건축가도, 설계사도 아니잖아" 하면서 자기 비하적으로 핑계를 대며 투덜댄 다. 또 어떤 사람들은 실패 화살을 사회로 돌리고 다른 이들 때문 에 성공하지 못했다며 원망한다. 그러나 실패에는 그 어떤 핑계도

의미 없다. 다른 사람을 손가락질하고 원망할 때 더 많은 사람으로부터 손가락질을 당한다. 이렇게 자신을 다스리지도 못하고 남들 또한 제어하지도 못하는 사람은 완전한 패배자다.

"내가 ○○○처럼 걷고, 달리고, 노래하고, 춤추고, 생각하고, 힘을 모을 수 있었다면 좋았을 텐데."

이런 탄식을 하는 사람은 남들의 장점만 볼 뿐 그 이면의 엄청난 노력은 보지 못한다. 문제없이 살아가는 사람이란 없다. 우리는 이 문제들을 통제할 줄 알아야 한다. 아무리 높은 벽이라도 우리의 강한 결심과 의지를 막아낼 수는 없다. 우리의 정신은 절대 억눌리지 않기 때문이다. 성공을 꿈꾸며 자신의 삶을 잘 가꾸는 사람에게 풀지 못할 문제란 없다. 뚫지 못할 난관과 장애물 또한 없다.

CHAPTER 9

꿈이 없는 청춘은
아프다

HARVARD'S
4:30 A.M.

꿈을 꾸고 스스로 격려하라

성공하고 싶다면 먼저 꿈을 가져야 한다.
매 순간 자신의 꿈을 긍정하고 쉼 없이 배워 행하며
스스로 격려하라.

누구나 꿈을 갖고 있지만, 모두가 그 꿈을 이루는 것은 아니다. 과연 어떻게 해야 꿈을 이룰 수 있을까?

'스스로 격려하라'라는 하버드의 말이 가장 좋은 대답이 될 것 같다. 인간의 모든 행위는 격려에서 출발한다. 끊임없는 격려로부터 잠재력을 발휘해서 결국 성공의 정상에 오를 수 있다. 물론, 성공하고 싶다면 먼저 꿈을 가져야 한다. 또한 자신의 꿈을 긍정하고 올바르게 나아가야 할 방향에 대해 선언하며, 쉼 없이 배우면서 스스로 격려해야 한다.

꿈을 갖고 용감하게 나아가는 사람만이 성공할 수 있다. 지금 꿈이 있다면 그게 무엇이든 기뻐할 가치가 있다. 목표와 성공에 대한 갈망이 있다는 뜻이니까 말이다. 그다음, 그에 걸맞은 행동이 있어야 한다. 어떤 상황에서든 가장 중요한 것은 행동이다.

 고도 비만의 팸 론토스Pam Lontos는 하루 18시간씩 잠을 자며 우울한 나날을 보내고 있었다. 그러던 어느 날, 삶이 지긋지긋해진 그녀는 반드시 달라지겠노라 다짐했다.

그때부터 론토스는 날마다 긍정적인 생각이 담긴 카세트테이프를 듣기 시작했다. 카세트테이프에서 '매일 자기 자신을 세 번 긍정하라'는 말이 흘러나오자, 그녀는 하루에 50번씩 하기로 마음먹었다. 그리고 실제로 그렇게 해냈다. 카세트테이프 안에는 이런 말도 있었다.

"당신만의 고정적인 성공 이미지를 마음속에 자주 그려보세요."

론토스는 그 말대로 했다. 당당하고 멋진 배우의 사진을 벽에 붙여놓은 다음 얼굴 부위에 자신의 사진을 오려 붙였다. 그러고는 쉬지 않고 자신의 이상적인 모습을 머릿속에 그렸다.

효과는 금세 나타났다. 론토스는 자기 모습이 조금씩 변해가는 것을 느꼈다. 운동을 시작한 그녀는 20킬로그램을 감량했다. 무엇보다 자신감이 차올랐다.

비로소 론토스는 집 밖으로 나가 판매원으로 취직했다. 일하면서 그녀는 자신이 엄청난 실적을 올리는 판매왕이라고 이미지화했다. 얼마 뒤 정말로 그렇게 되었다.

그 후 론토스는 TV를 통해 판매해보기로 마음먹었고, 특정 채널에서 제품을 판매하는 새로운 자신을 그리기 시작했다. 이번에는 보기 좋게 거절당하고 말았지만, 그녀는 쉽게 포기하지 않았다. 그녀는 방송국 사장의 사무실 맞은편에 천막을 치고 자신을 받아들일 때까지 그곳을 떠나지 않았다. 결국 그녀는 원래 존재하지도 않던 일자리를 받아냈다.

이렇게 론토스는 부단한 자기격려와 피나는 노력으로 승승장구하며 방송국의 광고 대행 업무를 맡게 되었다. 그녀 덕분에 그저 그렇던 방송국의 광고 수입이 단기간에 7배나 뛰어올랐다.

2년 후 론토스는 디즈니 계열사인 샴록 방송국의 부회장이 되었다. 그 뒤 카운슬링 회사를 설립한 그녀는 이제 성공한 CEO의 대명사가 되어 업계를 누비고 있다.

팸 론토스의 성공 사례는 꿈을 꾸고 스스로 격려하는 것이 성공하는 데 얼마나 중요한지를 잘 보여준다. 우리 또한 론토스처럼 인생을 바꿀 수 있다.

나 자신을 높이 평가하고 원대한 꿈을 꾸자. 매 순간 그 꿈을 긍정하고 간절히 행하며 스스로 격려하자. 그러면 꿈이 이루어질 것이다, 운명이 바뀔 것이다!

꿈을 이루려면 자기 긍정이 필요하다

한 하버드 교수는 말했다.

"긍정적인 마음으로 자신을 격려하는 습관을 기른다면 누구나 운명을 바꿀 수 있습니다."

수많은 성공 인사에게는 공통점 하나가 있다. 그들은 꿈을 이루기 전부터 이미 머릿속에 성공한 모습을 선명히 그린다. 가난하든, 많이 배우지 못했든, 인맥이 넓지 않든 그런 건 상관없었다. 그들은 머릿속에 성공할 날을 그렸고 반드시 성공하리라 믿었다. 그렇게 삶은 그들을 배반하지 않고 그 꿈을 현실로 이뤄주었다.

많은 사람이 자기격려 방법에 관하여 자주 묻는다. 성공한 인사들을 관찰한 바를 토대로 몇 가지 방법을 소개한다.

1. 원대하면서도 구체적인 목표를 세운다. 많은 사람이 꿈을 실현하지 못하는 것은 목표가 너무 작거나 모호하여 적극성을 잃어버리기 때문이다.

2. 끊임없이 도전한다. 도전은 당신의 신체에 미묘한 변화를 일으켜 새로운 동력과 에너지를 불어넣는다. 자신의 감정이 고조되는 시점을 포착하여 끊임없이 자신을 격려한다.

3. 당신의 행복과 성공을 바라는 사람과 어울린다. 주변 사람들이 당신의 삶을 변화시킬 수 있기 때문이다.

4. 늘 자신을 엄격히 대한다. 자신에게 엄격할수록 삶은 관용을 베풀고, 자신에게 관대할수록 삶은 각박해진다.

5. 두려움을 극복한다. 아주 작은 두려움일지라도 그것을 극복하면 자신감이 커진다.

자신의 이상과 신념을 포기하지 마라

어떠한 신념을 가졌는지에 따라
결과물이 결정된다.

신념은 행위를 좌우하고, 행위는 다시 결과물을 만들어낸다. 이에 관한 명언이 하버드에도 있다.

'어떠한 신념을 가졌는지에 따라 결과물이 결정된다.'

'신념信念'이라는 한자를 가만히 들여다보면 흥미로운 사실을 발견할 수 있다. '사람 인人'과 '말 언言'이 합쳐진 '믿을 신信'은 사람이 하는 말이라는 뜻이고, '이제 금今'과 '마음 심心'이 합쳐진 '생각 념念'은 오늘의 마음을 가리킨다. 고로 신념이란 '오늘 나의 마음이 나 자신에게 말하는 것'이다.

4:30 A.M. 어렸을 때부터 유명한 레이서가 되고자 한 청년이 있었다. 좀 더 성장한 그는 레이서가 되는 건 매우 어려울뿐더러 실력은 물론 돈도 뒷받침되어야 한다는 사실을 깨닫게 되었다. 그는 가진 것이 없었기에 몹시 실망스러웠다. 하지만 그는 현실에서 물러서지도, 자신의 꿈을 포기하지도 않았다. 그는 농장에서

운전하는 것부터 시작했다.

그는 일이 끝나면 경주 기술을 가르치는 훈련소로 가 배웠고, 열리는 대회마다 빠짐없이 참가했다. 그러나 운전 기술이 부족한 탓에 그는 좋은 성적을 내지 못했다. 그 때문에 수입은커녕 적잖은 대회 참가비만 날리기 일쑤였다. 이렇듯 녹록지 않은 현실 속에서도 그는 자신의 꿈과 신념을 버리지 않았고 끈질기게 훈련했다.

늘 그렇듯 그는 한 대회에 참가했다. 그는 코스를 절반쯤 돌 때 3등으로 달리고 있었다. 이대로라면 순위권에 들 것이었다. 인생을 바꿀 절호의 순간, 갑자기 앞서 달리던 자동차가 뒤로 미끄러져 왔다. 그는 급히 핸들을 꺾었지만, 워낙 빠른 속도였기에 속수무책이었다. 결국 그의 차는 안전 펜스 위로 뒤틀리며 뒤집히고 말았다.

그는 전신에 40%가 넘는 화상을 입었고, 특히 손과 코에 심각한 상처를 입었다. 의사는 7시간의 대수술 끝에 그를 살려냈으나 그의 손은 이미 오그라들어 쓸 수 없는 지경이 되었다. 의사는 선고하듯 말했다.

"앞으로 운전은 할 수 없을 겁니다."

그야말로 청천벽력 같은 말이었지만, 그는 절망하지도 자신의 꿈을 포기하지도 않았다. 그는 피부 이식 수술을 받고 난 뒤 손가락의 감각을 되살리기 위해 망가진 손으로 하루도 빠짐없이 나무막대기 쥐는 연습을 했다. 극심한 고통에 온몸은 땀으로 젖었지만, 끝까지 포기하지 않았다.

그는 다시 농장으로 돌아와 불도저를 몰며 감각을 되찾으려 애썼고, 경주 훈련도 다시 시작했다. 그로부터 9개월 후 또 한 차례 대회에 참가했지만, 자동차에 원인을 알 수 없는 불이 나는 바람에 좋은 성적을 얻지 못했다. 그리고 또 얼마 뒤, 그는 다른 대회에 참가했고 놀랍게도 2위를 했다.

여기서 그치지 않고, 2개월 뒤 그는 사고가 났던 바로 그 경기장에서 다시 대회에 참가했다. 그는 치열하게 경쟁한 끝에 마침내 우승했다. 그의 눈에서는 뜨거운 눈물이 흘러내렸다. 인간 승리! 그는 그토록 갈망하던 꿈을 기어코 이뤄냈다.

꿈을 버리지 말고, 신념을 포기하지 말라. 그리고 목표를 향해 끝까지 나아가라. 그 끝에 성공이 있다.

꿈과 망상은 다르다

현실이 강 이편이라면 이상은 강 건너 저편이다.
중간에는 강물이 빠르게 흐르고,
그 위에 놓인 다리가 바로 행동이다.

학교를 졸업한 동창 두 사람이 오랜만에 만났다.

"요즘 어떻게 지내? 벌이는 좀 괜찮나?"

"아주 괜찮아. 한 5억쯤 벌거든."

"그게 정말이야? 너, 아주 대단하구나. 무슨 일을 하는데?"

"망상에 빠져 사는 일을 하지!"

망상도 꿈은 꿈이다. 다만 결코 실현될 수 없는 허무맹랑한 헛꿈일 뿐이다. 그래서 망상과 꿈은 다르다.

하버드생들은 자신만의 꿈을 가지고 하버드를 택했다. 그런 만큼 교수들은 학생들에게 망상을 하지 말라고 가르친다. 실현 불가능한 꿈으로 온종일 시간을 낭비하지 말고 현실적인 꿈으로 분투할 것을 강권한다.

인생은 각종 변수와 우연으로 가득 차 있지만 지켜야 할 일정한 규칙이 있다. 그러므로 뜬구름 잡는 헛꿈으로 인생을 낭비해선 안 된다. 허무맹랑한 헛꿈은 미래의 청사진에 아무런 도움이 안 된다. 헛꿈이 아닌, 진짜 꿈으로 인생을 불살라야 한다. 꿈은 성공의 원천으로, 행복과 불행이 꿈에 달렸다고 해도 과언이 아니다.

4:30 A.M. 순진한 소녀가 있었다. 가난한 집안에서 태어난 소녀는 일찌감치 학교를 그만두고 부모님을 도와 일을 해야 했다.

어느 날 소녀는 과일 한 바구니를 머리에 이고는 시장에 팔러 갔다. 왁자지껄한 시장 이곳저곳을 구경하던 소녀는 걸음을 옮기며 생각했다.

'우리 집이 부자라면 얼마나 좋을까? 그럼 나도 매일 멋진 집에 살면서 예쁘게 단장하고 아름답고 부드러운 옷을 입을 수 있을 텐데.'

소녀는 예쁜 옷차림을 한 채 멋진 남자들에게 둘러싸인 모습을 상상했다. 소녀는 그들의 시선을 도도하게 털어내며 아름다운 궁전 안으로 들어갔다. 그때 무척 잘생긴 남자가 다가와 소녀에게 춤을 청했다. 소녀는 새침하게 고개를 가로저었다.

그때였다. 툭툭, 바구니 속 과일들이 하나둘 쏟아지는가 싶더니 이내 몽땅 땅바닥에 떨어졌다. 상상에 너무 몰입한 나머지 소녀는 저도 모르게 고개를 세차게 흔들다가 바구니를 놓쳐 사달이 난 것이다. 땅바닥에 널브러진 과일들은 못 팔 상태가 되었음은 물론이다.

누구나 꿈과 미래의 청사진을 가지고 있다. 또 미래에 발생할 수 있는 상황들을 끊임없이 상상하기도 하는데, 이것은 매우 정상적인 현상이다. 문제는 비현실적인 망상에 빠져 사는 것이다. 망상은 정신건강에도 좋지 않다. 쓸데없이 정신을 흩트리기 때문이다.

망상을 넘는 방법, 행동

이른바 '백일몽白日夢'이란 실현할 수 없는 꿈을 말한다. 행동하지 않으면 아무리 큰 꿈일지라도 결국 백일몽이 돼버리고 만다.

그러므로 꿈을 항상 입에 달고 살면서 한편으로는 '내게 꿈은 많지만, 현실은 각박하다'라며 원망해서는 안 된다. 이런 사람들은 무의식중에 무력감을 드러낸다. '꿈이 있어서 뭐 어떻단 말이야?' 하는 식으로 말이다.

하버드생들의 꿈에는 불평불만이 없다. 그들은 꿈으로 자신을 부풀리거나 기만하지 않는다. 반면, 뒤틀린 이상주의자들의 상상력은 망상과 뒤섞여 가히 병적이기까지 하다.

백일몽은 일종의 환상이다. 자신의 꿈을 추구하고 그 꿈을 이루고자 노력하려면 먼저 머릿속의 이런 왜곡된 환상부터 없애야 한다. 그것이 진정으로 꿈을 이해하고 망상과 구분하는 시작점이다.

환상의 반대편에 있는 것은 바로 상식이다. 환상을 버리고 망상을 멈춰야 상식이 생긴다. 꿈을 이루려면 상식적인 생각과 상식적인 행동으로 나아가야 한다.

꿈을 이루는 데 지름길이란 없다. 다만, 반드시 있어야 하는 것은 성공에 대한 갈망이다. 꿈을 향한 여정에서, 덧없는 욕심을 버리고 현실 속의 진정한 나를 찾아가야 한다.

여러 우물을 파지 마라

자신을 알지 못하는 사람은 언제 어디서나
무수한 장애물과 마주친다.

하버드에는 이런 말이 있다.

'여기저기 우물을 파느라 시간과 에너지를 쏟느니 한 우물에
집중하는 것이 낫다.'

이는 지나치게 산발적이거나 바뀌기 쉬운 꿈을 지니면 결코
어떤 꿈도 이루지 못하며, 처음부터 하나의 꿈을 위해 노력해야
성공할 수 있다는 의미다.

간혹 이런 사람들을 목격하곤 한다. 자기 삶에 중요하지 않은
다른 사람의 말 때문에 자신의 소중한 꿈을 바꾸기도 하고, 다른
사람의 행동을 보고 꿈을 정하기도 하는 이들 말이다. 그들은 그
꿈을 실현할 수 없겠다 싶으면 곧바로 다른 꿈을 찾다가 결국
아무것도 이루지 못한다.

4:30 A.M. 온종일 할 일 없이 하늘을 나는 솔개가 있었다. 솔개는
물속에서 자유롭게 헤엄치는 물고기 한 마리를 보고는 자신도

언젠가 저렇게 물속에서 노닐고 싶다고 생각했다. 또 초원을 달리는 말을 보자 언젠가 자신도 그럴 수 있기를 바랐다.

하루는 솔개가 궁전으로 돌아오는 길에 왕이 몹시 아끼는 꾀꼬리를 만났다. 솔개가 꾀꼬리에게 다가가 물었다.

"꾀꼬리야, 왕은 어째서 너를 그렇게 좋아하니?"

꾀꼬리가 대답했다.

"그건 내가 노래를 잘 부르기 때문이야. 왕은 나를 예뻐해서 맛있는 음식도 주고 보석으로 나를 꾸며주기도 해!"

그 말을 들은 솔개는 몹시 부러웠다.

'나도 왕의 사랑을 받아보고 싶어.'

솔개는 궁전으로 날아가 큰 소리로 노래를 부르기 시작했다. 마침 잠을 자고 있던 왕은 솔개의 소리에 깜짝 놀라 일어났다.

"대체 저게 무슨 소리냐?"

솔개가 우는 소리라는 사실을 알게 된 왕은 잔뜩 화가 났고, 솔개를 잡아 오게 하여 깃털을 몽땅 뽑아버렸다. 그렇게 솔개는 왕의 사랑을 받고 싶다는 꿈을 이루기는커녕 온몸에 상처만 남게 되었다.

이 이야기 속의 솔개가 멍청하고 우습다고 생각할지도 모르겠다. 그러나 안타깝게도 이 세상에는 이 이야기 속의 솔개 같은 사람이 너무나 많다. 그런 사람들은 자신이 어떤 꿈을 원하는지 혹은 자신이 어떤 일을 할 수 있는지에 대해서는 진지하게 생각하지 않는다. 그저 다른 이들이 가진 것에만 샘을 내고, 경솔하게 이런저런 꿈만 잔뜩 쌓아놓는다. 그들은 정작 필요한 능력은 갖추지 않은 채 기계적으로 남을 모방하기만 하다가 결국 아무 것도 이루지 못한다. 그보다 더 안타까운 것은 목표를 달성하지 못하면 곧바로 다른 꿈을 기웃거린다는 사실이다.

나의 진정한 꿈 찾기

하버드에서는 각자가 자신에게 어울리는 우물을 찾는다. 여기
저기 땅을 파헤치는 일은 하지 않는다. 자신의 간절한 꿈이 아니
라, 남들이 재단해놓은 미래를 위해 일하고 공부한다면 그건 성공
할 기회라고 여기지 않는 게 좋다. 왜냐하면 그것은 자신을 위한
우물이 아니라, 다른 이들을 위한 우물을 파는 격이기 때문이다.

'오늘은 이것, 내일은 저것' 하는 식으로 우물을 파다가는 평생
인생을 낭비하기 십상이다. 여러 개를 동시에 파다 보면 어느 한
군데도 물이 나올 때까지 깊이 파 내려갈 수 없다. 하버드생들은
'우리의 시간과 힘은 한계가 있고, 그러므로 살아가는 동안 자신
의 재능과 특기 한 가지를 꾸준히 계발해야 성공할 수 있다'는 사
실을 알고 있다.

'한 가지 일에 집중하라.'

이 하버드 정신을 우리 또한 견지하면 꿈을 이뤄가는 과정에서
게으름을 피우지 않고 지속적으로 발전할 수 있다. 집중은 포기하

305

지 않는 정신으로, 온 마음을 한데 모아 뜻을 이룰 수 있도록 해준다.

외부의 유혹에 휘둘리지 않고 목표를 향해 나아가려면 투지와 의지를 품어야 한다. 투지와 의지가 있어야만 한 우물에서 물이 나올 때까지 꾸준히 파 내려갈 수 있다.

자기 재능 찾기란 쉽다. 그러나 뚜렷한 방향을 정하고 외부의 유혹을 받지 않기란 쉽지 않다. 급류에 휩쓸리지 않는 사람도 있겠지만, 현실에서 그렇지 못한 사람이 더 많다. 한때의 유행, 그 대세를 따르는 사람이 그런 부류다. 마음이 완전히 성숙하지 않은 이들이 특히 이런 잘못을 범하기 쉽다.

일시적으로 자신의 재능과 관심 분야에 소홀해질 수도 있고, 심지어 쉬운 길을 찾기 위해 열심히 하던 일을 포기할 수도 있다. 하지만 그러는 순간이 성공의 골든타임을 놓치는 순간임을 기억하라.

목표가 가리키는 곳으로 가라

성공이란 가치 있는 목표가 끊임없이 이루어지는 상태이다.
한 방향을 향해 최대의 노력을 기울이면 성공이 따른다.

자신의 삶과 세상에 불만이 가득한 사람들을 보면 90% 이상
은 뚜렷한 목표를 갖지 못한 경우다. 그들이 온종일 툴툴대는 것
은 하루하루를 허송하면서 자신이 무엇을 해야 하고 어떤 일에
적합한지 알지 못하기 때문이다.

하버드 심리학과 학생들 사이에 유명한 이야기가 있다.

4:30 A.M. 늘 남의 일에 참견하기를 좋아하는 주킨스라는 청년이
있었다. 언젠가 그는 나무에 선반으로 삼을 목판을 단다는 소리
를 듣고서 이를 돕겠다며 달려왔다.

"우선 목판의 윗부분을 톱질하고 나서 걸어야 해."

그 말을 들은 주킨스는 톱을 찾아냈지만, 한두 번 톱질하더니 곧
포기해버렸다. 톱날이 너무 무뎌서 안 되겠다는 이유였다.

그는 줄칼을 찾아다녔다. 그런데 한 가지 문제가 생겼다. 줄칼에
손잡이가 없으면 사용할 수가 없다는 것이었다. 그래서 그는 숲

으로 달려가 목재를 찾았다. 그런데 나무를 자르려면 도끼가 필요했고 그러려면 도끼날부터 갈아야 했다. 도끼날을 숫돌에 고정하려니 숫돌을 받쳐줄 나무 기둥이 필요했는데, 나무 기둥을 만들려면 목수가 쓰는 긴 나무 의자가 필요했다. 결국 선반 다는 걸 도와주러 온 주킨스는 이런저런 도구만 찾아다니느라, 해가 질 때까지 돌아오지 못했다.

실상 주킨스는 무슨 일을 하든지 도중에 포기하곤 했다. 한때 밥 먹는 걸 잊을 정도로 프랑스어에 푹 빠진 적이 있었는데, 그는 진정으로 프랑스어를 마스터하기 위해서는 고대 프랑스어부터 배워야 한다는 사실을 깨달았다. 그런데 또 고대 프랑스어를 배우려면 라틴어부터 알아야 했다. 결국 그는 흐지부지 프랑스어 공부를 그만두고 말았다.

주킨스는 그동안 받은 교육이 무색할 만큼 학위 하나 제대로 따지 못했다. 하지만 물려받은 재산은 좀 있어서 10만 달러를 가스 공장에 투자했다. 그런데 가스를 만드는 데 필요한 석탄이 너무 비싸 이윤을 남길 수 없었다. 그래서 이번에는 석탄 사업을 하기 위해 가스공장을 9만 달러에 팔고 탄광을 사들였다. 하지만 탄광 운영이 뜻대로 되지 않자 다시 탄광 설비를 만드는 사업으로 갈아탔다. 이때부터 그는 업계에서 '스케이터'로 불리게 되었다. 관련된 분야라면 스케이트를 타듯 빠르게 들락거린다고 말이다. 하지만 그는 번번이 손해만 보고 말았다.

주킨스는 사랑도 해보았으나 한 번도 결실을 보지 못했다. 한때 좋아했던 여자에게 마음을 표현한 적도 있다. 그는 그 여자에 걸맞은 남자가 되려면 스스로 성숙해져야 한다고 생각했고, 한 달 반짜리 강의를 들으러 학원에 나가기도 했다. 2년 뒤, 그는 마침내 청혼할 수 있겠다고 생각했지만 그녀는 이미 다른 남자의 아내가 되어 있었다.

얼마 지나지 않아 주킨스는 새로운 여자와 교제했다. 그런데 그녀의 집에서 즐거운 시간을 보내던 중 그녀의 둘째 여동생을 좋아하게 되었고, 또 얼마 뒤에는 그녀의 막내 여동생에게 마음을 빼앗겼다. 결국 그는 그 누구와도 사랑하지 못했다.

뚜렷한 목표가 없는 사람은 변덕만 부리다 결국 자신의 삶을 비극적으로 끝내게 된다. 한번 가슴에 손을 얹고 자문해보자. 우리는 과연 주킨스처럼 굴 때가 없었던가?

실현 가능한 꿈을 꿔라

우리의 사명과 개성, 생활 방식은 모두 다르다.
개개인이 각자의 꽃을 피우고 자신의 사명을 이룰 때
세상은 아름답게 조화로워진다.

아주 오래전, 학교를 졸업하고 사회에 첫발을 내디딜 무렵이
었다. 당시 아버지가 전화로 이런 말씀을 하셨다.
"세상은 굉장히 복잡하단다. 너는 능력 밖의 일에 욕심내지
말고 네 능력으로 할 수 있는 일을 찾아야 한다."
아버지의 이 말씀을 아직도 마음에 새기고 있다. 실제로 사회
에는 온갖 유혹이 넘쳐나며, 그것들을 뿌리치지 못하면 순식간
에 끝없는 늪으로 빠져든다.

4:30 A.M. 뉴욕의 한 중학교에서 불우 학생을 돕기 위한 모금을
위해 자선 연극을 하기로 했다. 선생님은 주인공 공주 역으로 목
소리와 발성이 좋은 캐서린을 뽑았다. 행운의 주인공이 된 캐서
린은 몇 주간 엄마와 함께 대사를 연습했다.
집에서 연습할 때는 매우 훌륭하게 연기한 캐서린은 안타깝게
도 무대에 서기만 하면 온몸이 뻣뻣하게 굳어버려 제대로 연기

하지 못했다. 캐서린은 아주 아름다운 목소리를 지니고 있었기에 선생님은 무척 아쉬워했다. 하지만 역할을 바꾸지 않으면 안되었다.

"캐서린, 우리 연극에는 내레이션할 사람도 필요하니 네가 그걸 맡으면 어떻겠니?"

선생님은 친절하게 이야기했지만, 캐서린은 상처받고 말았다. 다른 사람이 자신의 역할을 대신하는 걸 봐야 한다니 견딜 수가 없었다.

집에 돌아온 캐서린은 이 일을 엄마에게 말하지 않았지만, 엄마는 딸의 얼굴을 보고는 안 좋은 일이 있음을 단번에 알아차렸다. 엄마는 캐서린과 대사 연습을 하는 대신 정원으로 나가서 함께 걷자고 했다.

마침 봄날이라 햇살이 무척 따사로웠고, 정원에는 장미 덩굴이 무성했다. 엄마는 바닥에 핀 민들레를 향해 다가가며 말했다.

"오늘부터는 장미 덩굴만 남기고 잡초랑 다 뽑아버리자꾸나."

"하지만 난 민들레가 제일 좋은걸요! 민들레도 민들레만의 아름다움이 있잖아요."

캐서린이 얼른 말했다. 엄마는 내심 기쁘면서도 안심이 되었다.

"그래, 모든 꽃은 저마다의 아름다움을 가지고 있지."

캐서린은 고개를 끄덕이며 미소했다. 엄마를 설득한 것 같아서 기뻤다. 그런 엄마가 말했다.

"우리 사람도 마찬가지란다. 모두가 공주 역할을 할 수는 없지만, 각자 자신만의 멋진 모습을 갖고서 살아가는 거야."

엄마의 말에 캐서린은 자신을 슬프게 한 일이 떠올라 눈물 흘리며 사실대로 털어놓았다.

"얘야, 넌 아주 훌륭한 내레이터가 될 텐데, 그것도 좋지 않겠니?"

엄마는 캐서린의 이야기 읽는 솜씨가 매우 뛰어나다고 말해주었다.

"사실, 내레이터도 굉장히 중요한 역할이란다."

우리는 꽃과 같다. 사람들은 각자의 사명과 개성, 생활 방식을 갖고 있다. 그러니 모두가 똑같아질 수는 없다. 각자의 능력이 허락하는 범위 내에서 자신만의 달란트로 인생을 살아가면 된다.

내가 잘할 수 있는 일

살아가면서 반드시 꿈을 가져야 한다. 꿈은 우리를 더욱 특별하게 만들고, 새로운 힘을 제공하며, 앞으로 나아갈 수 있게 이끈다. 우리는 꿈을 통해 평범함에서 벗어나 더욱 수준 높은 삶을 살 수 있다.

하버드의 교수들은 꿈에 대해 이렇게 말한다.

"꿈은 현실적이어야 한다."

그렇다. 꿈은 현실을 바탕으로 꿔야 한다. 또한 마냥 꿈속에만 빠져 있으면 곤란하다. 삶이 아름다운 이유는 가슴으로 꿈을 품되, 다리로는 길을 걷고 있기 때문이다. 꿈은 아름다운 드레스와 같다는 사실을 기억해야 한다. 일정한 장소에서 드레스를 입으면 아름답고 우아한 멋을 낼 수 있지만 하루 종일 드레스를 입고 있을 수는 없는 노릇이다. 그러므로 꿈을 이루고 싶다면 머리는 냉정하게, 이상은 높게 유지하면서 현실에 맞춰 천천히 걸어가야 한다.

꿈의 전당은 현실의 벽돌이 하나하나 쌓여 만들어진다. 현실에 충실한 사람만이 현실을 뛰어넘을 수 있다. 우리 주변에 허황한 일만 따라다니는 사람이 많은 까닭은 현실적인 일이 허황한 일보다 훨씬 어렵기 때문이다. 분명, 허황한 일만 하는 것은 인생 낭비다.

실행 없는 꿈만 좇다가는 인생을 망칠 수 있다. 그렇다면 과연 꿈을 품는 현실적인 태도는 무엇일까?

1. 현실적으로 가장 필요한 것부터 시작한다. 예수도 배를 채울 빵 한 조각을 필요로 했다.
2. 실용적이라는 것의 기준은 대상에 따라 달라진다. 원숭이에게는 산더미 같은 황금보다 딱딱한 야생 과일 한 알이 더 매력적이다.
3. 실질적으로 행동해야 한다. 행동하지 않으면 그 어떤 멋진 꿈

이라도 무색해진다. 아무리 먼 길이라도 한 걸음씩 걷다 보면
결국 목적지에 닿게 마련이다.

나는 무엇을 원하는가?

모든 시곗바늘이 완전히 똑같은 속도로 움직이지 않는다.
사람의 판단력도 때에 따라 달라진다.

아무것도 이루지 못한 채 자포자기하는 가장 큰 이유는 자신을 똑바로 인지하지 못할뿐더러 자신이 무엇을 하고 싶은지조차 알지 못하기 때문이다. 따라서 뜻을 이루고 싶다면 일단 자신부터 잘 알아야 한다.

무슨 일을 하든지 주관을 가지고 나 자신을 똑바로 인식해야 한다. 남들이 나를 비난하거나 나와 다른 의견을 제시한다고 해서 나다운 모습을 잃어버리는 일은 없어야 한다.

4:30 A.M. 다양한 꽃과 나무로 가득한 공원이 있었다. 사과나무, 오동나무, 참나무는 모두 곧고 푸르게 뻗어 있었고, 장미, 튤립, 치자꽃 등도 하나같이 생기가 넘쳤다.

그런데 얼마 전부터 이 공원에 한 가지 문제가 생겼다. 바로 어린 참나무 때문이었다. 자신이 누구이고 무엇이 될지 알 수 없었던 어린 참나무는 늘 우울했는데, 주위에서 저마다 한마디씩 해

대니 더더욱 혼란스러웠다.

사과나무가 말했다.

"너도 자라면 분명 사과를 맺을 수 있어. 나를 보렴. 얼마나 쉽게 열매를 맺니? 아무래도 넌 나처럼 되려면 좀 더 열심히 노력해야겠구나."

사과나무의 말을 들은 어린 참나무는 더욱 슬퍼졌다. 자신은 이미 충분히 노력했지만, 사과나무처럼 열매를 맺을 수가 없었기 때문이다.

장미가 말했다.

"사과나무 말은 듣지 마. 장미꽃을 피우는 게 훨씬 쉽지. 날 보렴, 얼마나 아름다운지!"

어린 참나무는 또다시 실망했다. 자신도 장미꽃처럼 되고 싶었지만, 그런 생각을 할수록 스스로 실패자가 된 것 같은 기분이 들었다.

어느 날, 공원에 날아온 새 한 마리가 우울하게 축 처진 어린 참나무을 보고 이유를 물었다.

어린 참나무의 이야기를 들은 새가 말했다.

"사실 그건 굉장히 흔한 문제야. 남들의 기대를 만족시키기 위해 네 삶을 낭비할 필요는 없어. 너 자신이 무엇을 하고 싶은지 확실히 해두면 돼. 넌 남들을 따라 할 필요도 없고, 남들처럼 될 필요는 더더욱 없으니까."

새의 말을 들은 어린 참나무는 순식간에 기분이 좋아졌다. 눈을 감고 마음을 활짝 열자, 자신의 내면 깊은 곳에서 목소리가 들렸다.

'넌 사과를 맺을 수 없어. 사과나무가 아니니까. 넌 꽃을 피울 수
도 없어. 장미가 아니기 때문이지. 네 이름은 참나무야. 너는 아
주 크게 자라서 새들에게 휴식처가 되어주고, 지나가는 사람들
에게 그늘을 드리워줄 거야. 그것이 바로 너의 사명이야.'

이제 어린 참나무는 자신감과 에너지가 가득 차오르는 것 같은
기분이 들었다. 참나무는 자신의 꿈을 이루기 위해 노력하기
시작했고, 크고 멋진 나무가 되어 많은 이의 사랑을 받을 수 있
었다.

노력하기에 앞서 먼저 무엇을 하고 싶은지를 명확히 해두어
야 한다. 그래야 다른 사람의 기대 때문에 자신의 참모습을 잃어
버리는 우를 범하지 않을 수 있다.

목적 있는 인생 살기

한 하버드 졸업생이 말했다.

"만약 자신이 무엇을 하고 싶은지 모른다면 무엇을 추구하며 살아야 하는지도 알 수 없어요. 자신이 추구해야 할 것을 모른다면 멍청하게 기다리고 쳐다만 보다가 결국 삶이 던져준 찌꺼기만 주워야 해요."

인생에서 가장 피해야 할 것이 바로 맹목적인 행동이다. 가장 하고 싶은 일이 무엇인지 알고 있다면, 그게 곧 나아가야 할 방향이다.

중대한 결정을 할 때는 항상 심사숙고해야 한다. 자신이 무엇을 하고자 하는지를 아는 사람은 어떤 일이 생겨도 그에 반하는 것에 타협하지 않는다. 그런 타협 없이 자신의 꿈을 좇을 때 남들과는 다른 자신만의 삶을 살 수 있다.

누구나 아름다운 꿈을 현실화하고 싶어 한다. 특히 야심과 투지로 가득한 청년들은 늘 미래를 동경한다. 과연 어떻게 해야 자신

319

이 하고 싶은 일을 똑바로 알고 제대로 할 수 있을까?

1. 자신의 상황에 맞춰 꿈을 정한다. 자신이 좋아하고 이상적이
   라고 생각하는 일을 찾아 장점은 계발하고 단점은 보완하며
   행동에 옮긴다.
2. 꿈을 정했으면 충분한 결심과 용기를 가지고 노력하여 쟁취
   한다. 이 단계가 이루어지지 않는다면 꿈은 망상이 돼버린다.
3. 좌절할 수 있음을 각오한다. 꿈을 이루는 과정에서 좌절은 피
   할 수 없다. 이 세상에 단숨에 이루어지는 일이란 없다. 그럼
   에도 뜻이 있는 사람에게 좌절은 하나의 조미료일 뿐이라는
   사실을 기억하자. 좌절을 겪을수록 성공에 가까워진다. 그러
   니 좌절했다고 꿈을 포기해서는 안 된다.

CHAPTER 10

주어진 기회를
알아보는 눈

기회를 놓친 하버드

시기를 놓치면
공든 탑도 무너진다.

철학자 프랜시스 베이컨Francis Bacon은 말했다.

"현명한 사람은 주어지는 것보다 더 많은 기회를 만든다."

스스로 노력하는 사람만이 성공할 수 있다. 그러려면 시기를 놓치지 않고 기회를 잡는 것이 중요하며, 끊임없이 자신을 채우고 업그레이드해야 한다. 이런 사람은 성공한다.

누구나 성공하고자 자신에게 오는 기회를 잡고 싶어 한다. 기회란 사물의 발전에 유리한 시기 및 상황이다. 그렇기에 쉽게 발견할 수 없을뿐더러 잡는 일도 쉽지 않지 않다. 번뜩이는 지혜와 정성 어린 노력이 있어야 이 기회라는 것을 잡을 수 있다.

하버드의 경제학 교수이자 백악관의 경제보좌관을 역임한 로저 포터Roger Porter는 강의 중에 이런 말을 했다.

"스탠퍼드대를 알고 있습니까? 이미 세계 일류 대학이 되어 우리 하버드와 어깨를 나란히 할 수준이 되었죠. 그런데 여러분은 스탠퍼드가 어떻게 탄생했는지 아나요?"

포터 교수는 그 비하인드 스토리를 들려주었다.

`4:30 A.M.` 　한 노부부가 미리 연락도 하지 않고 하버드 총장실로 찾아왔다. 노부인은 색바랜 낡은 옷을 입고 있었고, 그녀의 남편 또한 싸구려 정장을 입고 있었다. 두 사람의 행색을 본 총장 비서는 시골에서 갓 올라온 것 같은 그들이 하버드에 볼일이 있을 리 없다고 생각했다. 노신사가 비서에게 말했다.

"총장님을 만나고 싶소."

비서는 공손한 태도로 말했다.

"죄송하지만 총장님께서 굉장히 바쁘셔서요."

이번에는 노부인이 말을 받았다.

"괜찮아요. 우리가 기다리면 되지요."

몇 시간이 흘렀고 비서는 노부부를 애써 외면했다. 그저 빨리 포기하고 가주길 바랄 뿐이었다. 그러나 노부부는 아주 오랫동안 자리를 떠나지 않았다.

결국 비서는 총장에게 상황을 전했다. 그러자 총장은 마지못해 일어서서 굉장히 거만한 태도로 노부부의 앞에 나타났다.

노부인이 총장에게 말했다.

"우리 아들이 1년 동안 하버드에서 공부했어요. 그 아이는 하버드에서 행복한 나날을 보냈다며 학교를 너무나 사랑했지요. 그런데 작년에 뜻밖의 사고로 아이가 우리 곁을 떠났답니다. 우리는 아이를 기념할 만한 건물을 학교에 남기고 싶습니다."

총장은 그들의 이야기에 공감하며 감동하기는커녕 터무니없다고 생각했다.

"그럴 수는 없습니다, 부인. 하버드를 다닌 고인들을 위해 일일이 동상을 세운다면 캠퍼스 전체가 공동묘지로 변할 테니까요."

총장은 내심 깔보며 거만한 말투로 말했다.

"건물 하나를 짓는 데 얼마나 드는지 아십니까? 우리 학교 건물은 모두 한 동당 750만 달러가 넘습니다."

노부인은 아무 말도 하지 않았고, 총장은 드디어 그들을 쫓아낼 수 있겠다고 생각했다. 그때 노부인이 남편에게 말했다.

"여보, 750만 달러로 건물 하나를 지을 수 있다면, 그럼 우린 아들을 위해 대학교를 세울 수 있겠네요!"

하버드를 떠나 캘리포니아주로 간 노부부는 그곳에 스탠퍼드대학을 세우고 죽은 아들을 기렸다.

하버드 총장은 잘못된 판단과 처신으로 아주 커다란 기회를 놓치고 말았다. 우리도 같은 실수를 저지르지 말라는 법은 없다. 단 한 번의 실수로 큰 기회를 날려버린다는 사실을 명심하라.

삶을 대하는 태도와 행운

우리는 기회를 잡은 사람을 두고 행운아라고 한다. 그렇다면 어째서 행운의 여신은 나만 비켜 가는 것일까? 사실, 기회는 늘 우리의 눈앞에 있었다. 다만 우리가 노부부를 무시한 하버드의 총장처럼 그것을 알아보지 못하고 잡지 못했을 뿐이다.

누구나 일생에 몇 번씩은 운명을 바꿀 기회를 만난다. 하지만 아주 적은 수의 사람만이 그 기회를 잡고 성공한다. 이것은 매우 간단한 이치로, 운명을 바꾸는 가장 큰 비결이 바로 자기 자신에게 있기 때문이다. 이처럼 삶을 대하는 태도가 성공의 여부를 결정한다.

우리는 각자 다른 환경에서 태어나 살아가며, 이에 대해서는 공평함을 기대할 수 없다. 그렇기에 우리는 주어진 환경에서 최대한 자신을 갈고닦아야 한다. 소양을 길러야 일정한 위치에 오를 수 있고 객관적인 능력을 갖출 수 있다. 이렇게 준비된 사람만이 행운을 기회로 잡을 수 있다.

기회는 쟁취하는 것

사업과 인생은
쟁취하는 것이다.

"나는 가난해!"

입버릇처럼 이 말을 입에 달고 사는 사람이 많다. 그러나 이들에게도 인생을 바꿀 기회가 많았을 것이다. 다만 자신의 일상에 숨어 있던 기회들을 발견하지 못했을 뿐!

하버드에서 미국 동부 대도시에 거주하는 사람들을 대상으로 '어떻게 생애 첫 목돈을 마련했는지'를 설문 조사했다. 그 결과 무려 94%가 집 또는 집 인근에서 일하며 목돈을 얻었다고 응답했다.

눈앞에 있는 기회를 보지 못하고 마치 멀리 떠나야만 무언가를 이룰 수 있다고 생각했던 사람에게는 적잖이 충격적인 결과일 것이다.

4:30 A.M. 모건이라는 청년이 있었다. 그는 회사의 지시로 쿠바에서 해산물을 사 돌아가는 길이었다. 뉴올리언스의 항구에서 잠

327

시 머물게 된 그는 따분한 마음에 항구를 돌아다니며 구경하고 있었다. 그때 한 낯선 남자가 그에게 말을 걸었다.

"선생님, 배 하나에 가득 실은 커피가 있는데 사시겠어요?"

모든 것에 강한 호기심을 품고 있던 모건은 걸음을 멈추고 남자와 이야기하기 시작했다. 남자는 브라질에서 화물선을 몰고 온 선장으로, 미국 상인에게 커피를 가져다주던 길이었다. 그런데 미국에 도착하자 물건을 주문한 상인이 파산하여 커피를 살 수 없게 되었다. 선장은 헐값에 커피를 팔아서라도 손실을 줄여야 하는 상황이었다.

사정을 알게 된 모건은 커피 샘플을 보여달라고 했다. 커피는 빛깔이며 향이며 최상급이었다. 그는 회삿돈으로 배에 실린 커피를 모두 사기로 했다.

일개 사원에 불과한 모건에게는 엄청난 위험이 따르는 결정이었다. 첫째로 그는 경력이 짧고 경험도 부족했으므로 잘못된 판단을 내릴 확률이 높았고, 둘째로 그에게는 커피를 사줄 고객이 없었으며, 마지막으로 회사가 허락하지 않는다면 직장을 잃을 수도 있었다.

그럼에도 이것이 둘도 없는 기회라고 생각한 모건은 무슨 일이 있어도 커피를 사기로 마음먹었다. 그러나 회사에 전보를 치자마자 돌아온 답장에는 '반품'이라는 두 글자만 있었다. 회사의 생각은 그와 달랐던 것이다.

순간 이러지도 저러지도 못하는 상황에 빠졌지만, 모건은 허둥대지 않고 아버지에게 연락했다. 자세한 상황을 들은 아버지는 아들의 판단을 믿고서 그의 커피 사업에 투자하기로 했다. 아버지의 든든한 도움을 약속받자, 그는 항구에 정박해 있던 화물선 여러 척에 실린 커피를 저렴한 가격에 모조리 사들였다.

그로부터 얼마 뒤, 브라질에 한파가 닥쳐 커피 생산량이 크게 줄면서 커피 공급량이 수요를 크게 밑돌았다. 당연히 커피 가격은 순식간에 몇 배로 뛰어올랐다. 이렇게 해서 엄청난 이득을 얻은 모건은 목돈을 쥐게 되었다. 그는 이것을 밑천 삼아 회사를 세우고 벤처투자를 시작했다. 그는 기회를 잘 잡은 덕분에 번번이 큰 수익을 올렸다.

이 이야기는 그 유명한 글로벌 투자은행 JP모건의 설립 일화다. 보잘것없는 회사의 일개 직원이던 존 피어폰트 모건John Pierpont Morgan은 자신에게 찾아온 기회를 알아보고 놓치지 않았다. 그 덕분에 그는 50년 넘게 미국 경제를 좌지우지하는 금융계의 거두가 될 수 있었다.

기회를 훌륭히 포착한 모건의 일화는 지금까지도 하버드 교수들이 가장 많이 인용하는 성공 사례다. 기회가 왔을 때 망설이거나 이것저것 생각하다간 기회를 놓치기 십상이다. 그러니 기회 앞에서는 능동적으로 행동하고 과감히 베팅하라!

모험하지 않는 것이 리스크다

하버드의 한 경제학 교수는 이런 유명한 말을 남겼다.

"모험하지 않는 것이 가장 위험하다."

실제로 위험 요인 앞에서 우물쭈물하는 사람은 좋은 기회를 놓쳐버리기 때문에 결국 아무것도 하지 않는 사람과 마찬가지로 낙오자가 된다. 실상, 모험을 두려워하며 행동하지 않는 것이 과감히 도전하는 것보다 훨씬 위험하다.

성공하길 바란다면 꿈만 꾸며 가만히 앉아서 기회가 오기를 기다려서는 안 된다. 스스로 일어나 기회를 찾고 기회를 발견하면 과감히 베팅할 줄 알아야 한다.

이 세상에 저절로 되는 것은 없다. 그러니 끊임없이 주변을 돌아보며 지혜로운 생각과 치밀한 계획, 강한 믿음으로 기회를 포착해야 한다. 자신을 믿고, 잡은 기회가 향후 더 큰 이득으로 돌아오리라 생각되면 과감히 밀어붙여라.

흔한 관점으로 평범한 생각을 하고 대세만 따른다면 누구나 누리는 만큼만 누릴 수밖에 없다. 독특한 견해와 평범함을 뛰어넘는 생각, 다른 사람들과는 다른 행동을 해야만 남다른 성공을 할 수 있다.

따라서 우리는 좀 더 과감해질 필요가 있다. 모험심과 투지로 우리 곁을 스치는 그 어떤 기회도 놓치지 말라. 잠잠하게 고인 물은 썩게 마련이다. 끊임없이 변화하고 새로워져야 계속 앞으로 나아갈 수 있다. 기회를 붙잡아 모험을 거듭하면 삶은 점점 더 다채로워진다.

주어진 기회를 보는 눈

기회는 누구에게나 있다.
그러나 아무나 기회를 알아보지는 못한다.

대체로 기회가 없는 것이 아니라, 기회를 못 보는 경우가 많다.

"어떻게 해야 기회를 잡을 수 있을까요? 기회를 눈앞에 두고도 놓치지 않게 말이에요."

이런 질문을 받을 때마다 나는 말한다.

"일상에 있는 기회들, 잠재적인 기회들까지도 눈에 불을 켜고 찾아야 합니다. 마음이 느슨해지면 기회를 놓쳐버리게 되니까요."

하버드에서는 학생들에게 이렇게 강조한다.

"누구나 기회를 만나게 되지만 제대로 잡지 못하면 평생을 후회 속에서 살아갈 것이다."

4:30 A.M. 석유왕 폴 게티는 부유한 가정에서 태어났지만, 젊은 시절 제대로 된 집도 없이 즐겨 유랑했다. 못 말리는 역마살 때문에 그는 결국 학교까지 내팽개치고 이곳저곳 돌아다녔는데,

그 와중에 툭하면 집에 적잖은 돈을 요구했다.

게티의 행동에 크게 화가 난 아버지는 더는 그에게 돈을 주지 않기로 했다. 게티는 어려서부터 작가나 외교관이 되고 싶었지만, 그 꿈도 깨져버렸다. 동전 한 푼 없는 빈털터리가 된 그는 고향을 떠나 오클라호마주의 털사에서 원유탐사 경쟁에 뛰어들었다. 당시 원유탐사에 뛰어든 사람들은 대개 부자가 될 꿈에 부푼 부랑자, 노름꾼, 창녀 들이었다. 벼락부자를 꿈꾸며 전 재산을 모조리 쏟아부은 이들은 자금 압박에 종적을 감추기도 했다.

이렇게 각박한 곳에서 손목시계를 차고 다니는 사람은 게티뿐이었다. 다른 사람들은 늘 권총을 갖고 다녔다. 길은 포장되지 않은 진흙탕에다 초라한 집에 살며 보잘것없는 음식을 먹는 등 생활 수준이 형편없는 지역이었다.

얼마 뒤 게티는 하스켈 부근에 있는 낸시 테일러의 농장 땅을 임대하려고 했다. 그런데 게티보다 형편이 넉넉한 다른 석유상도 그 땅을 노리고 있었다. 경쟁이 될 수 없는 상황이었지만, 그는 이렇게 생각했다.

'낸시 테일러의 농장은 기회의 땅이야. 절대 포기할 수 없지!'

며칠 뒤, 게티는 좋은 계획 하나를 떠올렸다. 그는 즉시 차를 몰고 인근 작은 도시의 은행을 찾아갔다. 그러고는 은행의 고위 간부에게 낸시 테일러 농장의 입찰을 대리해달라고 부탁했다.

게티는 왜 그랬을까? 자신의 경쟁상대인 석유상이 이 은행에서 돈을 빌렸으니, 은행의 고위 간부가 입찰에 참여하면 맞대응하지 못하리라 생각했기 때문이다. 게다가 다른 입찰자들은 큰 은

행의 간부라면 분명 대단한 석유 회사의 대리인이라고 여길 것이니 마찬가지로 섣불리 경쟁하려 들지 않을 것이었다. 아니나 다를까, 이런 전략으로 게티는 매우 저렴하게 땅을 빌릴 수 있었다. 게티는 말했다.

"기회를 잡으려면 모험해야 하지만 기회는 또한 우리가 상상할 수 없는 것들을 가져다준다."

당시 많은 사람은 오클라호마의 레드베드라고 불리는 지역에 석유가 있을 리 없다고 생각했다. 심지어 수많은 지질학자, 대형 석유 회사 전문가, 석유탐사원 등도 하나같이 석유가 없다고 말할 정도였다.

그러나 게티의 생각은 달랐다. 그는 소위 권위 있는 사람들의 말이란 믿을 게 못 된다고 생각했다. 그는 모험하기로 결심하고 레드베드에 땅을 빌려 시추를 시작했다. 결국 그는 그 지역에서 새로운 유전을 개발해냈다.

게티는 용기를 갖고 자신의 안목으로 기회를 포착했기 때문에 성공할 수 있었다. 만약 그가 주위에 숨어 있던 기회를 알아보지 못했더라면 어땠을까? 아마도 석유왕 폴 게티는 탄생하지 않았을 것이다.

기회는 망설일 시간을 주지 않는다

재빨리 반응하는 사람만이
번개같이 기회를 잡는다.

'인생에서 과용하면 안 되는 세 가지는 효모, 소금, 망설임이
다. 효모를 너무 많이 넣으면 빵이 시큼해지고, 소금을 너무 많
이 넣으면 요리가 씁쓸해지며, 너무 망설이면 성공의 기회들을
놓치게 된다.'

이는 유대인들 사이에서 유명한 말이다. 우리의 삶을 살펴보
면 이 말은 너무나 들어맞는다. 큰일을 하고 싶다면 기회를 제대
로 잡아야 하고, 지나치게 망설이지 말아야 한다.

4:30 A.M.　당나귀 한 마리가 푸른 초원 두 지역을 사이에 두고 쉴
새 없이 왔다 갔다 했다. 이쪽 초원의 풀을 뜯으려고 하면 저쪽
초원의 풀이 더 부드러워 보였고, 저쪽 초원으로 가면 또 이쪽
초원의 풀이 더 맛있어 보였기 때문이다. 그렇게 수없이 두 초원
사이를 오가던 당나귀는 결국 한 줌의 풀도 먹지 못한 채 굶어
죽어버렸다.

당나귀는 먹을 풀이 없어서 굶어 죽은 것일까? 두 초원에는 한참 동안 먹을 수 있을 만큼의 풀이 있었는데도 당나귀는 굶어 죽었다. 망설이는 데 너무 많은 시간과 에너지를 쓰고도 실질적으로 배를 채우는 행동은 전혀 하지 못했기 때문이다.

어쩌면 당신은 이 어리석은 당나귀보다 훨씬 현명하기에 이 우화는 우스개에 불과하다고 생각할지 모르겠다. 그렇다면 다음의 이야기를 읽어보자.

[4:30 A.M.] 가엾은 아버지가 전쟁 중에 두 아들을 모두 포로로 빼앗겼다. 아버지는 돈을 주고 아들들을 데려오리라 마음먹었다. 아버지는 자신의 목숨과 가진 돈 전부를 써서라도 아들들을 되찾아 오고 싶었지만, 두 아들 중 한 명만 내주겠다는 답이 돌아왔다.

아버지는 두 아들을 모두 구하고 싶었지만 안타깝게도 한 사람만 선택해야 했다. 하지만 열 손가락 깨물어 안 아픈 손가락은 없는 법. 둘 다 같은 자식이기에 누구를 구하고 누구를 포기해야 할지 쉽사리 결정할 수 없었다. 그렇게 아버지가 이러지도 저러지도 못하며 망설이는 사이, 두 아들은 한꺼번에 처형당했다.

이 이야기 속의 아버지는 두 아들 중 하나는 구할 수 있었지만, 당나귀처럼 망설이다가 기회를 잃어버리고 말았다. 또 다른 이야기를 살펴보자.

캐나다 동부의 프랑스령 생피에르섬에 화산이 폭발하기 전날, 이탈리아의 배 한 척이 항구에서 화물을 싣고 프랑스로 떠날 준비를 하고 있었다. 남달리 예민한 감각으로 곧 화산이 폭발하리라는 것을 알아차린 마리오 선장은 적재를 멈추고 서둘러 떠나야겠다고 생각했다. 하지만 선적인船積人은 선장의 말을 듣지 않았고, 오히려 화물을 모두 싣지 않고 떠나버린다면 고소하겠다고 위협했다.

그러나 마리오 선장은 망설이지 않고 배를 출발시켰고, 다음 날 선적인과 세관 직원은 선장을 체포하기로 했다. 바로 그때 생피에르섬의 화산이 폭발하여 선적인을 포함한 모든 사람이 재난을 맞게 되었다.

그 시각, 마리오 선장의 배는 이미 안전하게 바다로 나가 유유히 프랑스로 향하고 있었다.

선장이 망설이며 머뭇거렸다면 그는 목숨을 잃었을 것이다. 이처럼 결정적인 시점에 망설이느냐 아니냐에 따라서 결과는 엄청나게 달라진다. 자신의 모든 힘을 발휘해 즉각적으로 결정을 내려야 성공할 수 있다.

기회와 망설임은 동시에 온다

지나치게 신중한 사람은
시기를 놓치고 기회를 보내버린다.

과거 하버드의 총장이 이런 말을 했다.

"우유부단함이 위험한 가장 큰 이유는 시기를 놓쳐 성공할 기회를 잃기 때문이다."

기회를 잃어서는 안 된다. 잃은 기회는 다시 오지 않기 때문이다. 일할 때 우물쭈물하며 결정을 내리지 못하다가는 성공은커녕 발 딛고 설 땅 한 뼘조차 얻을 수 없다.

세상 모든 기회에는 망설임이 따른다. 하지만 이 망설임을 잘 극복하느냐 여부에 따라 인생 전체가 달라질 수 있다. 우유부단한 성격 때문에 좋은 기회를 놓치거나 독단적으로 굴다가 큰 실수를 저지른 사람이 얼마나 많던가.

하버드의 역사학 교수도 같은 이유로 드와이트 아이젠하워 Dwight Eisenhower의 노르망디 상륙작전을 자주 언급한다.

 1944년, 아이젠하워가 영미 연합군을 이끌고 영국해협을 건널 때였다. 연합군이 프랑스 노르망디로 상륙할 수만 있다면 독일군과의 전쟁을 새로운 국면으로 이끌 수 있었다. 이 중요한 상륙작전을 위해 영국과 미국은 긴밀하게 협력했고 엄청난 인력과 물자까지 아끼지 않았다.

그러나 모든 준비가 완료되었을 때 갑자기 영국해협에 구름이 끼면서 높은 파도가 치기 시작했다. 수천 척의 배는 파도가 잦아들 때까지 기다릴 수밖에 없었다. 연합군은 몹시 초조해하며 꼬박 나흘을 기다렸다.

무심한 하늘은 계속해서 거센 비를 뿌렸다. 마치 번개가 하늘을 두 쪽으로 갈라놓기라도 한 것처럼 연일 장대비가 쏟아졌다. 병사 수십만 명은 해안에 갇혀 오도 가도 못할 지경이 되어 날마다 전투식량만 소비하고 있었다.

아이젠하워 총사령관이 심각한 얼굴로 고민에 빠져 있을 때, 기상전문가의 날씨 정보가 도착했다. 세 시간 뒤면 비가 멈춘다는 소식이었다. 하늘이 내린 기회였다. 적군이 방심한 사이 공격하면 성공할 수 있으리라 생각한 아이젠하워는 무릎을 쳤다.

물론 여기에도 리스크는 있었다. 만약 기상예보가 틀리면 연합군 전체가 전멸할 수도 있었기 때문이다. 고민을 거듭하던 아이젠하워는 일기에 이렇게 썼다.

'지금 여기서 공격하기로 한 것은 가장 좋은 정보를 토대로 내린 결정이다. 만약 나중에 누군가가 이 작전에 대한 책임을 묻는다면 모든 책임은 나 혼자 지게 될 것이다.'

그는 육해공 전군에 영국해협을 건너라는 명령을 내렸다. 아니나 다를까 세 시간이 지나자 무섭게 내리던 비가 그쳤다. 행운의 여신은 아이젠하워의 손을 들어준 것이다. 파도가 잦아들자, 연합군은 성공적으로 노르망디에 상륙할 수 있었다.

이처럼 큰일을 하는 사람은 흔들리지 않는 판단력과 과감한 결단력을 꼭 갖춰야 한다. 물론 여기서 말하는 과감한 결단력이란 앞으로 나아가는 힘만을 의미하지 않는다. 잠시 멈추거나 뒤로 물러나는 것 역시 결단력 있는 행동이라고 할 수 있다. 다시 말해 기다릴 때는 기다리고, 물러나야 할 때는 물러나며, 행동할 때는 행동해야 하는 것이다.

목표를 보고, 거기서 기회를 찾아라

기회는 준비된 두뇌에게만
찾아간다.

하버드 MBA가 원하는 신입생은 자신만의 뚜렷한 목표를 세우고서 이를 이뤄내기 위해 열심히 노력하는 인재다.

언젠가 〈리더스 다이제스트〉는 하버드 MBA에서 있었던 한 흥미로운 실험을 소개했다.

4:30 A.M.   얼마 전 하버드 MBA는 농구 실력이 비슷한 학생들을 세 그룹으로 나누어 실험했다. 첫 번째 그룹은 한 달 동안 자유투 연습을 멈추었고, 두 번째 그룹은 한 달 동안 매일 오후 정해진 시각에 체육관에서 한 시간씩 자유투를 연습하게 했다. 마지막으로 세 번째 그룹은 매일 머릿속으로만 한 시간씩 자유투를 연습하도록 했다.

한 달이 지나고 결과가 나왔다. 연습하지 않은 첫 번째 그룹의 자유투 성공률은 39%에서 37%로 떨어졌고, 매일 연습한 두 번째 그룹은 39%에서 41%로 높아졌다. 그리고 상상 속에서 연습했던 세 번째 그룹의 성공률은 39%에서 42.5%로 올랐다.

실험 결과가 의아하다고 생각하는가? 어쩌면 이해할 수 없는 결과라고 생각할지도 모르겠다. 상상 속에서 자유투 연습을 한 것이 체육관에서 실제로 공을 던진 것보다 효과적이라니! 사실 이것은 매우 간단한 이치다. 마음속에서 우러나온 강렬한 소망이나 의지가 바로 자유투의 성공률을 높인 것이다.

많은 이가 자신이 좋아하는 일을 위해 돈과 시간, 마음을 쏟을 뿐 목표를 달성하는 활동은 해볼 생각조차 하지 않는다. 목표를 뚫어져라 쳐다보면 기회가 보인다는 사실을 모르기 때문이다.

공상하길 좋아하는 지인이 있다. 그녀는 언제나 상상 속에서 구름을 타고 천국 같은 유토피아를 찾아 떠다닌다. 언젠간 아름다운 섬에서 돈 걱정하지 않고 살 수 있는 날이 올 거라기에 물었다.

"어떻게 그 목표를 이룰 건데?"

그녀의 대답은 늘 같다.

"뭐, 때가 되면 분명 무슨 방법이 있겠지."

과연 그럴까? 아마 그녀는 그 방법에 대해 진지하게 생각해보지 않았을 것이다. 자신의 꿈을 이루기 위해 인생 목표를 정해본 적이 한 번도 없으니 말이다.

내로라하는 성공한 사업가들은 모두 과감한 결정을 신속히 내린다. 그들은 일할 때 늘 뚜렷한 목표를 세우고, 그 목표를 동력으로 삼아 끊임없이 앞으로 나아간다.

더 나은 삶을 위해 가장 먼저 해야 할 일은 인생 목표를 세우는 것이다. 뚜렷한 목표가 선다면 결정적인 기회들이 머지않아 반짝반짝 빛을 낼 것이다. 그것들을 날카롭게 포착하는 순간부터 성공하는 인생이 시작된다.

목표와 기회의 상관관계

한 친구가 내게 아무렇지도 않은 얼굴로 말했다.

"나는 평생 한 가지 일만 할 거야. 그렇게 만든 작품이 후대에 계속해서 이어지도록 하고 싶어."

인간이 죽는 날까지 오직 한 가지 일만 한다는 것은 절대 쉽지 않다. 하지만 이 친구처럼 자신이 세운 목표를 끝까지 바라보는 집념은 우리 삶을 좀 더 효과적이고 유의미하게 만들어준다. 자기 목표에 집중하기 때문이다.

남다른 성공을 거둔 하버드의 인재들 중 이상과 뜻, 목표를 지니지 않은 사람은 찾아볼 수 없다. 목표는 인생의 태양이 되어 앞길에 깔린 안개를 몰아내고 이정표를 밝혀준다. 목표는 미래의 청사진이자 정신적 기둥이 되어준다.

지금부터 자신에게 무엇이 잘 맞는 일인지, 그 일을 잘하기 위해서는 무엇을 더 갖춰야 하는지를 냉철하게 들여다보라. 이 문제에 관하여 자문하고 또 자문하라. 그러면 어느 순간 뚜렷한 목표를 세울 수 있다. 이를 위해서 자신이 가진 힘을 한데 모아 그 목표를 향해 나아가도록 하라. 목표가 확실하고 의지가 뚜렷한 사람이라면 성공의 절반은 떼놓은 당상이다.

좋아하는 일을 열심히 하면 성공할 수밖에 없다. 즐거워서 하는 일, 지치지 않고 하는 일은 잠재력을 상상 이상으로 폭발시킬 것이다.

하버드 출신의 위인 대다수가 목표를 꽉 잡고 있었기 때문에 기회도 잡을 수 있었다.

프랑스 출신의 곤충학자 장 앙리 파브르Jean Henri Fabre는 돋보기 한 자루를 들고 청년들의 앞에서 말했다.

"여러분의 에너지를 한곳에 모아보세요. 그럼 당신도 이 돋보기처럼 종이를 태울 수 있습니다."

이는 파브르가 성공한 비결이기도 했다. 때로 기회는 목표 안에 숨어 있다. 눈을 크게 뜨고 목표를 응시하자. 금방 사라질 흥미를 좇기보다 이성적이고 지혜롭게 한 가지 절실한 목표를 따르자.

미국 작가 마크 트웨인Mark Twain은 말했다.

"사람의 생각이란 대단하다. 한 가지 일에 집중하면 정말 자신도 놀랄 만큼 대단한 성과를 거둘 수 있다."

자, 당신도 할 수 있다. 지금 당신만의 목표를 세우고 기회를 포착하여 잡아라. 그리고 성공하라.

하버드 새벽 4시 반

초판 1쇄 발행 2024년 08월 26일
초판 3쇄 발행 2025년 01월 10일

지은이 | 웨이슈잉
옮긴이 | 이정은
펴낸이 | 최윤하
펴낸곳 | 정민미디어
주 소 | (151-834) 서울시 관악구 행운동 1666-45, F
전 화 | 02-888-0991
팩 스 | 02-871-0995
이메일 | pceo@daum.net
홈페이지 | www.hyuneum.com
편 집 | 미토스
표지디자인 | 강희연
본문디자인 | 디자인 [연;우]

ⓒ 정민미디어

ISBN 979-11-91669-74-9 (03320)